好朋友與妳

莊壽美 章惠如 著

每個月一次的生理期
就是妳長相廝守的好朋友

廣和出版社

目錄

第一篇　把握一生中改變體質的好機會！

第二篇　認識妳的好朋友

第四篇　好朋友來了！

第五篇　與好朋友共渡健康的一天

附錄

作者序

把握生理轉機，青春、健康不是夢

莊壽美

記得我十一歲，尚在就讀台北市永樂國小時，有一天我在學校廁所裡小號，突然隨尿出來了好多鮮血，我驚嚇得在廁所裡不知所措、差點暈倒，但我沒哭，我是個堅強、冷靜又勇敢的小女孩，雖然驚恐，但我努力鎮靜的想辦法，出了那麼多血，我想可能我快死了，但我又不甘心這麼早就結束一生，也不敢讓媽媽及祖母……等人知道，真的怕所有愛我的人傷心，於是經過一個禮拜痛苦日子的煎熬，我終於提起勇氣，認真的問我媽媽的會計罔市阿姨，她居然哈哈大笑並很曖昧的笑著說：「吉米（我的小名）妳終於長大了，這是個好消息，我要趕快告訴妳媽媽和祖母，好好的為你慶祝，並大大的補補身子！」，說著說著馬上去拿幾條可吸水的布，並附上一條約有手掌一個半大的寬長帶子，其布上車有塑膠，可讓吸血的布不會滲出褲外出糗，且四角各縫上橡皮帶，有彈性的可前後拉扣，方便使用，阿姨非常努力的在那操作，教我如何如何使用。害得我臉漲紅得恨不得鑽到地窖去躲起來，就這樣在很窘而害羞的情況下，完成了好朋友來臨的衛教。我感到羞恥、噁心、醜陋，之後好朋友來時我都有想吐、噁心的感覺，而母親莊淑旂似乎很準確的會察覺到我的好朋友的來臨，每次總是請祖母或是阿巴桑煮些中藥補品，愛心十足叮嚀我要吃，並且告訴我不洗頭、不吃冰，但要吃炒豬肝、炒腰花及紅豆湯、巧克力，以及特別為我煮的中藥……等好吃的東西，很久很久以後我才知道那些叫做中將湯、四君子、四神、四物、九層塔煎蛋……等等，甚至後來開發出來的女寶、婦寶、仕女寶、仙杜康等每個月好朋友來時須要吃的保健食品……等等都很好吃。整體來說我是很愛吃的，從小我就熟悉那些特別的中藥味道，尤其是炒腰花，大舅婆最會炒，炒得香香脆脆的，令人口齒留香，回味無窮。慢慢的在母親細心照顧與正確的「生理期」教育下，我漸漸淡忘那醜惡、想吐又噁心的錯誤觀

念，相反的，我每個月都期待著「好朋友」快來，這樣我就可吃香脆的炒腰花和甜美的巧克力了，這在平時是吃不到的，於是奠下我此生第一個健康的基礎。

在我二十一歲正當年盛時，就與我的白馬王子章琦浪漫戀愛，並精采完美的結婚了。二十三歲時生下了可愛的雙胞胎章惠如、敏如，即現在從事「坐月子」產業有聲有色，造福數萬名以上產婦的雙胞胎姊妹，此後每三年又各生一男一女，在生產期間，我都幸運的有疼愛我的祖母及充滿智慧的母親大人莊淑旂博士為我做了最嚴苛、最完整的「月子」，嚴格遵守不偷吃、不喝水、不洗頭……等戒律，可說越生越健康，越生越美麗！三次最完整、最有智慧的「坐月子」是我奠定一生健康基礎的第二階段。

三十六歲我第一次到日本，見到我日夜思念的母親莊淑旂，我喜極而泣，至今仍未忘懷（因為當我初中一年級，仍在讀北二女中時，她即去日本了，將近二十年，我日日盼望見到親愛的母親，所以一見到母親我就泣不成聲），沒多久我就很努力的在日本東京大學及日本女子大學研究所各研讀了三年和二年，獲得了許多寶貴的知識與資料，總共在日本十年，每日清晨五點左右，不管風吹雨打，甚至下雪，都從香甜的夢中被家母抓起來，迅速地到鄰近的明治神宮及緊接的世運村之代代木公園散步並操練作「防癌宇宙操」。等回到家時肚子早就餓得嘰哩咕嚕叫，吃了非常豐富的早餐(飯、肉、蛋、青菜、水果)之後，就在母親的身邊及學校努力的學習，並協助母親開創業務；是時母親剛取得博士學位，在主婦之友社擔任「相談醫」，並新創「財團法人國際癌體質改善研究會」兼任理事長，許多財團及社長都支持她，每天非常忙，我也跟在母親身邊忙東忙西的，學了不少東西，也蒐集整理了不少資料。除此，也幫忙做家務、料理三餐、清潔打雜等繁重的工作，如此日本十年操練下來，我奠下了此生健康基礎的第三階段，我的身體更加堅實，精力充沛，更加的強壯，有如一條猛牛！

在日本十年後，我返抵國門，馬上協助母親創立財團法人青峰社會福利基金會，之後又創R.O.C家族防癌協會，在國內外努力辦活動及出版健康書籍，並到世界各國展覽演講逾六百場，服務大眾逾六十萬人，我仍本著清晨五點左右起床，與母親、妹妹(名作家、名醫莊靜芬)一同享受清晨的散步，並在北投、陽明山洗溫泉，之後吃很豐富的早餐（有飯、肉及新鮮現採無農藥的青菜），時時開重要的早餐會，決定許多運籌方針，每晚十點前就寢。數十年如一日，就連出國，作息也是如此規律，充沛的活力、硬朗的身體，常是親朋好友羨慕、稱讚的對象！我雙胞胎女兒，各又生下雙胞與三胞胎，可能也是托我「如牛」強壯體魄的驕傲遺傳吧！

細述前文，不外是希望大家能重視如我之「健康生活方式」，尤其在「初潮期」前後母親為我補身的方法，是我奠定一生健康的基礎，接著三個「生產期」難得的機會，我都抓得緊緊的遵守嚴苛戒律、吃正確的月子餐（請參考拙作〈如何坐月子〉）、絕不偷吃、不洗頭、不喝水（只用米酒水）……等，好好的坐月子，加上每個月的生理期「一週」的養生法（請參考本書〈好朋友與妳〉），我也從未放過，在最後的「更年期」養生機會，更幸運的在日本與台灣，朝夕與家母相處，隨時耳提面命，每日的養生法從不怠慢，因此家母莊淑旂博士所提倡的改善身體的「四個良機」，只要大家能先照著本書所寫的的各種良好方法，努力去實行，一切的一切都會轉機，大家都會比我更健康、更強壯，在此我們可大聲的說青春健康不是夢了！請記住，女人是家中的太陽，家中的幸福掌握在女人手中，請好好的參考本書，對您絕對有很大的幫助！請大家一起來努力，共同來創造幸福美滿的人生。

廣和出版社　莊壽美　二〇〇四年六月二十六日

坐好小月子，體質大不同

章惠如

每次舉辦媽媽教室活動時，準媽媽們都非常關心如何坐好月子，可見現代人都有坐月子的觀念，不過，比較遺憾的是，有的準媽媽沒有如願地生下小寶貝，就以為不需要坐月子，對於這類女性，我總是不忘以自己的經驗來現身說法，提醒大家要注重小月子的保養。

所謂「坐小月子」，指的就是流產後及每個月一次生理期間別於一般的生活與飲食方式，在這特殊的期間，只要保養得當，就能讓妳整個人容光煥發、體質改善！

我的第一胎是個男寶寶，原本以為可以平平安安地生下他，沒想到就在懷孕七個月時，被醫生告知胎兒已經在腹中死了近一個禮拜，這樣的噩耗讓我在短短的一天內從原本的高興到驚懼、不信，最後只能失望地接受這個不幸的事實。

沮喪的我，忍不住心中的難過，從得知消息的那一刻起，常常以淚洗面，原本要以人工引產的我，痛了兩天卻只開了一指，催生的疼痛加上心情的低落，讓我幾乎快要崩潰了，連先生看了都心疼不已，主動向醫生要求開刀，這個與我無緣的男寶寶，就在剖腹產下，離開了我的子宮。

開完刀，我在喪子之痛下，依然天天流淚，根本沒有食慾，對於阿嬤要妹妹煮來的生化湯及養肝湯，只是勉強吃了幾口，連仙杜康和婦寶都只各吃了一盒及半盒，排氣後第二天就開始喝水，之後的飲食也沒有按照阿嬤和媽媽所要求的來吃，結果，四十天後，我竟然比懷孕前重了九公斤，眼睛也因為悲傷過度而變得易疼痛、視野變窄，而頭痛、掉髮及腰酸背痛的毛病也隨之而來，讓我在心理受傷之餘，還要忍受身體的不適。

四個月後，我再度懷孕，由於之前沒有好好坐小月子，我體會到健康的重

要，懷孕後我再也不敢亂吃，完全遵照阿嬤的指導，終於剖腹生下了健康可愛的大女兒，至此，前次胎死腹中的陰影才在我心中一掃而空。

產後，婆婆堅持幫我坐月子，看著她辛苦準備的食物，即使阿嬤說不能吃，我還是產後第二天就開始吃魚、肉及蛋，加上婆婆幾乎天天送來以北港的黑麻油、沒有爆透的薑及私釀米酒、酒精又未完全揮發的料理，讓我產後第六天就全身上火，偷喝了冷開水，月子坐完後，我的體重又上升了十二公斤。

順利地生下了女兒後，我和先生再接再厲，很快地又懷孕了，這次，我懷的是雙胞胎。

聽到肚子裡裝了兩個小胎兒，我的心中當然很高興，可是一想到自己九十公斤的體重，深怕產後噸位更重，因此，在剖腹產下龍鳳胎後，我決定回娘家坐月子，每天，我除了吃廣和的坐月子料理外，生活方面也完全按照阿嬤的方式來坐月子，並綁了腹帶，吃了十盒仙杜康及六盒的婦寶，結果，四十天後，我的體重不增反減，當我站上體重計一看：哇！我比懷孕前瘦了十三公斤耶！

接下來，我更趁勝追擊，利用產後半年改善體質的好機會，做好每個月的小月子──也就是生理期的保養，果然，之前頭痛、腰酸背痛的情況通通消失，至於眼睛的症狀雖然沒有完全恢復，但也改善了許多，連懷孕時被壓傷的骨盆也都完全恢復了！

我之所以能夠恢復健康，全都要感謝我的外婆莊淑旂博士與母親莊壽美老師，因為我就是確實努力的執行這套由阿嬷所研發、媽媽所傳承下來的「摩登特效坐月法」，才能讓我脱胎換骨、重拾健康！

期許天下間所有的女性朋友，都能跟我一樣，坐好小月子，青春、健康又美麗！

名人推薦序

談到「好朋友」，相信每位女性都是又愛又恨　敖國珠

談到「好朋友」，相信每位女性都是又愛又恨。沒有它，就不是完整的女人；但是它每個月來報到，也成了我們生活中甩不掉的TROUBLE。既然甩不掉，我選擇和它好好相處，不只不討厭它，還要愛護它！

我的生理期一直很平順，這要歸功於媽媽每個月都為我燉煮四物湯加白鳳丸。但大二時，卻開始出現經痛，媽媽很緊張，堅持帶我去檢查（這是我第一次看婦產科），醫生說，可能是子宮內膜異位。哇！這是什麼毛病？醫生一副少見多怪的懶得多說，只丟下一句話：結婚就會好。媽媽點頭表示了解，但對我來說，這是什麼邏輯啊？看來吃藥也沒用，只好每個月繼續痛。不過，因為有經痛，我更加認真執行媽媽的叮嚀：生理期儘量不洗頭，絕對不吃冰，不熬夜，痛了幾年我已記不清楚。結婚五年後，決定懷孕時，一試OK，產檢時問醫

生，子宮內膜異位會如何影響BABY？他說：妳沒有這個問題啊！我的臉上立刻出現三條線，這是怎麼回事？又把我弄糊塗了，難道是不藥而癒，還是根本不曾有過這個毛病？

到現在我還是不知道真正的答案，但可以確定的是，女人一定要愛護自己的身體。結婚後，沒有媽媽在身邊照顧，不再定時吃四物湯，加上工作性質特殊，晚睡晚起成了常態，所以就面有菜色。生老大，媽媽親手幫我坐月子，為的就是要調養我的身體；半年前生老二，實在不忍媽媽再那麼辛苦，改吃廣和月子餐，不只媽媽婆婆都說好，重回主播台，同事到觀眾，也都直誇氣色好，比以前還漂亮，紛紛問我月子怎麼做？改變這麼多，我自己也很吃驚！事實證明，找對專家最重要，現在廣和連我們每個月的好朋友都有照顧撇步，真是好消息！配合閱讀章老師的「好朋友與妳」，相信每個女人都能更健康，更美麗！

知名主播 敖國珠

美麗，是每個女人對自己基本要求

吳中純

身為女性，美麗是每個女人對自己基本要求，不過，在生活越來越忙碌，年紀漸長之後，才發現維持虛有外在可是行不通的，每個月好朋友來報到時，生理問題陸續出現，心情會莫名陷入低潮，火氣也變的特別大，臉上冒出痘痘，嚴重便秘，這都大大影響了工作品質。

對於保養，我是一個能省則省的人，不是怕花錢，而是沒有得宜方法，還好在生寶寶前，在訪談機會中認識惠如，碰上我這個大辣辣的個性，不重養生，只重眼前享受的人，惠如還願意苦口婆心引導，在調養得宜下，我在九十年間順利的產下寶貝女兒，在坐月子期間，體質調的更好了，這幾年，惠如還是不斷的研發新的飲食法，幫助女性在各個不同階段成長所需，還好有惠如這樣的朋友，我們一家老小都靠她做為我們的家庭調養顧問。

惠如永遠都閒不下來，在幫助廣大的婦女朋友產後調理之後，現在連強化小朋友體質的幼兒寶都問世了，如果家中小孩偏食，免疫力差的話，不妨試試幼兒寶。

如果依照廣和方式坐月子，也許您覺得過於嚴苛了，雖然我也不是全部依照指示，但認識惠如多年，每逢新產品我試用過的經驗看來，廣和的產品還是值得推薦！

節目主持人 吳中純

第一篇　把握一生中改變體質的好機會

「女性的一生中有三次改變體質的機會」這個觀念，在莊淑旂博士的宣導下，已經深植在許多女性朋友的腦海中，大部分的女性都知道，這三次分別是初潮期、坐月子期以及更年期。那麼，對於已經錯過了初潮期、距離更年期又很久的女性來說，難道就沒有改善體質的機會了嗎？不不不，可別這麼悲觀，因為莊博士在著書中也提到：女性要永久保持青春美麗，也有三個機會，這三個機會分別是：生理期間的護理、產後及流產後的保養，以及更年期的對策。莊博士認為，重視生理，小心生理前後的護理，未來就能輕易的分娩，也就能順利地度過更年期。換句話說，每個月光臨一次的好朋友【生理期】，正是妳可以改善身體狀況的時機！

生理期保養得好，不但會讓妳精神奕奕、神采飛揚，就連平常圍繞妳多年的頭痛、經痛症狀，都會隨之減輕甚至完全消失。妳，將會感覺整個人都活了起來！

每一次的生理期，都要做好小月子

「每一次的生理期都要坐小月子」這是莊淑旂博士時常耳提面命的一句話！所謂的坐小月子，指的就是在生理期間要有一套不同於平日的生活、飲食方式。

許多人在生理期前十天，就開始感到自己有些不同，而且和平常比較起來，是屬於比較不可愛的那一型。有的人會開始焦慮，有的人會突然想吃甜食、蛋糕，有的人意志消沈，有的人臉上冒出了粉刺、痘痘。這些所謂的「經

前症候群」，聽起來似乎沒有大礙，但是長期下來，將會讓人生活不正常，而且假如到更年期前都無法好轉，那麼豈不是每個月都要憂鬱十天、大吃十天、皮膚變差十天，聽來是不是很恐怖呢？

由於在生理週期的後半段，女性體內的黃體激素與動情激素都會增加，對於身體內各個器官的運作也有影響，而當黃體激素與動情激素失調時，一些不舒服的症狀就會出現，例如：假如動情激素比較多，那麼妳就會覺得情緒變得焦躁，假如黃體激素分泌的比較多，那麼妳就會感到憂鬱⋯。

所以，為了要讓自己能夠更健康、更明艷動人，就要把握住每個月一次改變體質的好機會，坐好小月子！

好朋友來時勤洗髮，感冒頭痛跟著來！

案例一

我是一個極注重乾淨的女性，說真的，我對於整潔的要求已經到了有些潔癖的地步，沒想到潔癖卻害得我犯頭痛好幾年。

從小，我就非常愛洗澡，即使玩得多累，也一定得洗完澡後才肯上床。當我學會自己洗頭時，更是天天洗頭，從不間斷，即使國中月經來臨，我也不覺得有什麼不妥，反而認為經期更要注重衛生，依然照樣洗頭。

我的頭髮很多，只要天氣好，洗完頭後我通常是採取自然乾的方式，而不用吹風機，髮色烏黑亮麗的我，在聽到吹風機會傷害髮質時，更是能不吹就不吹，於是，就在這種啥米都不在乎的情況下，當我出了社會，年齡一過二十五之後，不但覺得體力不如從前，連平常不曾頭痛的狀況也在一次經期過後蹦了出來，有了第一次的經期頭痛經驗後，接著只要經期一來，頭就跟著痛，更令

人不解的是，這種痛竟然連吃止痛藥都無效，讓我非常困擾，整個人的情緒也變得暴躁。

此時，姊姊找我陪她一同參加廣和的坐月子演講活動，原本以為這種坐月子的事情與我無關，沒想到演講時，聽到主講人章老師說：「坐月子期間不可洗頭」，我開始聯想：自己的頭痛該不會就是因為經期洗頭又不吹乾的關係吧！

於是，在演講結束後，我向章老師請教，這才知道自己過去實在是太不懂得愛惜身體了，因為在生理期時，更應該要注意別讓身體受寒，而我天天洗頭又不吹髮（有時還是在冷氣房裏）的行為，無疑是加速自己受寒的行為。

在章老師的建議下，我除了每天早晨做「預防感冒呼吸法」、晚上睡前施行今天疲勞今天消除的「肩胛骨按摩法」外，在生理期間也戒掉洗頭的習慣，而是採用章老師說的「酒精擦拭法」，說也奇怪，三個月後，當我面臨生理期時，頭痛竟然不見了，一直到現在已經好幾年了，頭痛再也沒找上我，因此，現在我每次聽到女性朋友們容易頭痛時，我都會很雞婆的問她們：「生理期時是不是洗頭？」，並且將自己的經驗分享給她們，嗯，告別頭痛的感覺真好！

案例二

經期熬夜熬過頭，皮膚粗糙髮無澤

我是一個廣告人，在同一家廣告公司已經待了八年，由於我的業績一向很好，常常被同業挖角，但是我都不為所動，就在今年初，公司換了一個新主管，新主管的理念和我總是不合，才讓我興起跳槽的念頭，而我也果真很快地跳到另一家公司擔任主管級的職位。

廣告界本來就是人才濟濟，在新公司的員工看來，我就像是「空降部隊」，大家都等著看我能夠爭取到那些客戶，一向自我要求嚴格的我，更是為了不服輸，每天都工作到三更半夜，就連生理期都照樣熬夜想企劃。

在熬夜時，為了克服嗑睡蟲和增加自己的創意，我總是咖啡、煙不離手，有一天，當我照鏡子時，竟然被鏡中自己憔悴的容貌嚇一跳，不是才三十出頭嗎？皮膚怎麼像是萎掉的花朵般，粗糙又沒有彈性，就連頭髮也變得黃枯枯的，一點生命力都沒有？

不久後的某一天，當我在咖啡廳裏吃飯時，遇到大學時代的同學，才剛坐完月子的她，看起來氣色好的不得了，一點兒也不像是剛生完小孩的大肚婆，反倒是單身的我，看來一臉疲態，要不是靠外表將自己打扮成女強人的模樣，別人說不定會以為我是同學的阿姨！

在聊天之際，同學忍不住告訴我她覺得我變老很多，並問我平常作息是否正常，看到同學這麼關心，我也將自己的苦處告訴她，沒想到，她突然正經八百地要求我絕對不能在生理期時熬夜。

原來，同學在坐月子期間，吃的是廣和的坐月子料理，同時，她也從廣和的章老師口中，學習到經期時該注意的事項，其中有一條就是「經期熬夜會變老」。

聽了同學的話，我恍然大悟，怪自己為了拚業績而忘了顧自己，我相信除

了經期熬夜外，過多的煙和咖啡也是加速老化的原因之一，就在我的要求下，同學介紹章老師與我認識，章老師並提供了我一些經期飲食和生活上的建議，現在，我看起來不但精神奕奕，就連業務也做出了一番成績，可說是春風得意，這一切都要感謝章老師的指導，不然，現在我的恐怕已經像四十多歲的黃臉婆了！

好朋友來臨照吃冰，肚子疼痛害自己！

案例三

從小，媽媽就不讓我吃冰，即使和鄰居、同年齡的親戚在一起，我也只能眼睜睜地看著他們吃冰，因此，當我離開媽媽的視線，開始上學時，最快樂的事，莫過於「吃冰」了，我總是在放學回家的途中，買一支冰棒邊走邊吃，通常還沒到家冰棒就吃完了，夏天時，我還有連續吃兩支的紀錄！

國中時，零用錢一多，只要和同學出去玩，我也絕對不忘吃冰，就連生理期也照吃不誤，雖然曾經聽同學說生理期最好不要吃冰，不過，在我的印象中，我的同學們很少人不吃冰、不喝涼的，尤其是夏天剛上完體育課時，幾乎是人手一包冰飲料。

「誰說生理期不能吃冰涼的？」在自己吃冰涼的也沒怎麼樣的情況下，我根本不把同學的話當作一回事，可是，當我上高中後，情況卻逆轉了。

話說有一天，我突然覺得肚子脹脹的，接著，一種我從來未曾經歷過的疼

痛出現，隔天，生理期就來了。

原本，我並沒有留意這種莫名的小腹痛和生理期有什麼關係，反正一、二天就過了，沒想到，接下來的生理期卻一次比一次痛，此時的我還不知好歹，就在一次生理期時，我迅速地喝下冰果汁，頓時感到小腹不對勁，雖然說不出來那是什麼樣的感覺，卻讓我開始思考：難道生理期真的不能吃冰冷的東西嗎？

有了這層想法（雖然當時並不確定這個想法是否正確），我決定以後不管天氣多熱，生理期時絕不吃冰的，結果，生理痛還是跟著我，只不過有時候比較不痛，有時候比較痛，直到大學畢業、結了婚、生了孩子，在朋友的建議下與廣和的章老師認識後，才知道自己可以趁生孩子改善以前不好的體質，也恍然大悟過去為什麼會生理期腹痛的原因。

「疼痛的真正原因是血塊！」章老師告訴我，由於我忽略了生理期的保養，在好朋友來臨時吃冰的，很容易讓血液凝成血塊。

「可是，後來我生理期時都不吃冰了，還不是照樣會痛？」當我向章老師提出這樣的疑問時，她親切地笑了笑，然後提醒我：「妳吃冰吃了幾年？而且不只是生理期不能吃冰，在排卵期及生理期前一個星期也要非常注意才行！」

說的也是喔，既然「羅馬不是一天造成的」，我的問題也不可能一次不吃冰就解決，不過，我很慶幸認識了章老師，是她讓我知道在坐完月子之後的每一次排卵、生理期前後絕對不能吃冰，更貼心的是，章老師還告訴我許多生理期時該如何飲食的細節，讓我獲益良多！

案例四

生理期吃仕女寶，腰酸肚痛不見了！

當好朋友第一次來臨時，我就感覺腹部怪怪的，生理期一向很準確的我，在第三次好朋友來臨時，開始嚐到了生理痛，而且還不是普通的痛。

當痛痛出現時，我連椅子都沒辦法好好地坐著，總是要蹲在課椅旁邊勉強自己聽課，或許是老師怕我的舉動會影響同學們上課，所以允許我生理痛嚴重時可以請假，結果，痛痛並沒有因為在家中休息就比較好，還是跟往常一樣：就算一連吃兩顆止痛藥都沒有用。

心疼我的媽媽帶著我上醫院，醫生在做過超音波檢查後並沒有發現什麼不對勁的地方，雖然好朋友一個月只來一次，對於當時還在所謂的「第一好班」的我來說，每個月痛個三天就足以讓我無心學習，我的成績也一直都沒有起色，甚至掛車尾。

西醫找不出原因，媽媽就帶著我找秘方，當時聽說中部有一個「仙仔」會靈通治病，一早便帶我到中部去排隊向仙仔問秘方，仙仔要我「每天下午五點整，喝一瓶沙士外加十五顆葡萄乾」，不信白不信，我果真每天都帶著一瓶沙士和十五顆葡萄乾上學，時間一到就逕自在晚自習時吃了起來，結果，痛痛不但沒好，反而還換來我更多的肉肉，誰叫沙士的熱量可不低呢！

在被生理痛糾纏了近十五年後，有一天，任職於公家機關的阿姨聽同事說吃「仕女寶」能夠改善經痛，便向同事買了三盒，託媽媽帶給我，希望我能照著吃。

說真的，在西醫、仙仔以及多位中醫師都治不了我的痛痛時，心灰意冷的我看到仕女寶，壓根不相信它對我有什麼幫助，可是，媽媽卻不這麼想，她非常注意我的生理期，並緊盯著我、嚴格要求我按著仕女寶上面的食用方法吃，就這樣吃了三個月，我的情況還是沒有好轉，不死心的媽媽又再去買了兩盒，說也奇怪，當我吃到第五個月時，痛痛竟然不見了！

十五年來，我的經痛通常在經血還沒排出前就開始了，因此我常常開玩笑地說：「我根本不怕月經來了沒準備，因為我會先肚子痛」，沒想到這次月經竟然「毫無預警」地來臨，讓我非常訝異，也不得不相信仕女寶的特殊之處，而十五年後第一次經歷無痛經期的我，突然覺得心情異常地好，整個人也明亮了起來（連同事都說我變漂亮了），真的要感謝仕女寶，還有阿姨及緊盯著我不放的媽媽！

莊老師仕女寶

方便有效的「廣和仕女餐」！

案例五

我是夫家的長媳，雖然婚後我和先生都住在台北，並沒有和台南的婆婆住在一起，但是，每次婆婆北上時，我就得排除所有假日的活動，與先生帶著婆婆到處玩。

由於我和先生都屬晚婚，婆婆又急著抱孫，婚後，婆婆幾乎每個月都關心我「那個來了沒」，無形中造成我很大的壓力，婚後的第二年，我懷孕了，醫生說我的體質比較差，也替我打了安胎針，要我好好地休息，偏偏此時婆婆又北上，先生早就安排好要到北海岸玩，於是，就在婆婆和先生都不知道我懷孕的情形下（因為我怕胎兒不穩，萬一流掉了會讓先生和婆婆失望，所以沒有告訴他們），我陪著婆婆玩了一整天。

晚上回到家，感覺身體非常疲累，不曉得是不是這個原因，總之，我流產

了。

「流產之後該怎麼辦？」一直以來，我從未聽過有人說流產就不能上班的，因此，即使流產，身為國三老師的我，第二天仍然照常教課，從早上七點到校，直到晚自習結束，常常我回到家中時，已經是八點鐘。

自從流產後，我總覺得自己的身體更差了，不但容易累，而且上課的時候會突然感到頭部一陣暈眩，有時還要趕緊扶著講桌才不致於跌倒，我曾經去看過醫生，經過腦部檢查，醫生卻說沒有問題，只是開了一些藥讓我帶回，可是，假如我的暈眩不好，這樣子下去，難道要吃一輩子的藥嗎？

此時，剛生完小孩，放完月子假的同事回校，看到她精神比懷孕前更好，我不禁好奇她是怎麼坐月子的，這才知道同事是在家中坐月子，吃的是廣和坐月子外送料理。

「對了，妳知道嗎？其實小產也要坐月子耶！」同事說，在坐月子期間，她得知不僅是生產，就連小產也需要坐好月子，才能恢復身體元氣！「而且，每個月的生理期就是妳改變虛弱體質的好時機！」同事語重心長的提醒我。

聽了同事的話，我半信半疑地打電話到廣和公司，和接電話的小姐聊了起來，她告訴我很多關於坐月子的觀念，我才知道，我的暈眩症應該就是因為流產後沒有充分的休息及飲食調理所造成的。

接下來的問題是：我要如何把握生理轉機？要遵守生理期間不洗頭、不吃冰、不提重物、不站立過久……等我都能做到，而每日固定時間量基礎體溫也難不倒我！最困難的是：工作如此忙碌的我，家中幾乎不開火，我要如何打理我的生理飲食？

就在我灰心的想打退堂鼓的時候，我接到了廣和母親節貼心的禮物：廣和終於推出了仕女餐外送的服務！我興奮的一口氣就訂了六期，開始了改變體質

的計劃！廣和的細心真是沒話說，我可以任意更動將仕女餐送至家中或學校，用餐的時候微波或蒸熱就可以吃，至於要搭配的蔬菜、飯麵或水果，就依我的喜好另外購買；如果晚上要回家用餐，就使用仕女餐專用的手提袋帶回家食用；而「莊老師仕女寶」的設計更是方便，我只要算好外出所需要的份量裝入皮包，就可以隨身攜帶服用。

在鳳凰花開的畢業季節，我帶的學生們終於要向另一個學習生涯前進，而我也正式揮別了「三寶身體」的陰影，開學時，同事們都說我變漂亮了，而且，即使面對國一的新生，我也更有耐心地教導他們，不像以前那麼容易累又易發脾氣，更重要的是，我不再暈眩了！而且，從基礎體溫表上顯示，我的賀爾蒙已經恢復正常，每個月都固定排卵，我相信，不久的將來，我一定可以高高興興地懷孕、順順利利地生產！

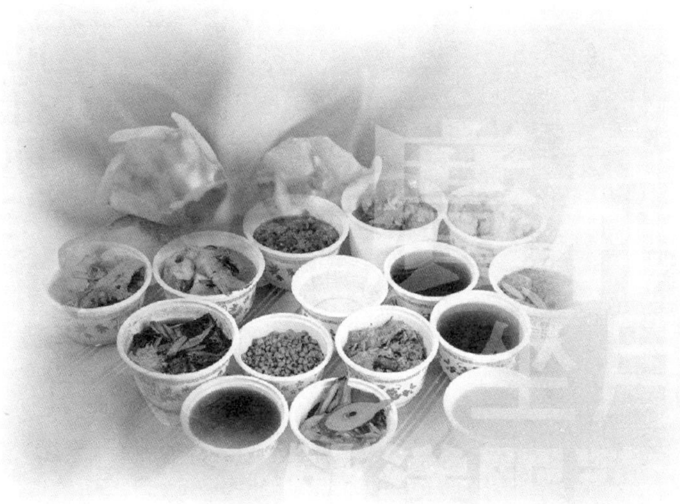

第二篇　認識妳的好朋友

長相廝守的生理

如果十二歲有了初潮，四十五歲閉經，女性約有三十年的時間是有生理的；假若是活足七十五歲，那麼女性與生理相守的時間就佔了人生的一半左右！如此長相廝守的生理，豈能沒有正確的生理知識與深刻的認識！

生理期可以改善女性的體型和症狀，也可以治癒其他疾病，這是女性的大好機會，不可輕言放棄！若能好好利用生理期，就是防止老化、保養身體的最佳良方！

人生下來到十歲，很自然的男孩就會變成男孩的樣子、女孩就會變成女孩的樣子，為什麼呢？完全是賀爾蒙的關係。賀爾蒙有很多種，但女性特有的有以下兩種：卵巢分泌的黃體賀爾蒙和卵胞賀爾蒙，這兩種賀爾蒙與生理、妊娠以及分娩都有密切的關係。

卵胞賀爾蒙能使子宮內膜增殖；黃體賀爾蒙的作用則在使子宮腺體的分泌活動增加，有益於受精卵於子宮內膜上著床，使之有妊娠的可能，並維持進行作用。生理之前乳腺發達，有時跑步或下樓梯時，因震動關係會有些疼痛的感覺，這也是卵胞賀爾蒙和黃體賀爾蒙的作用。

總之，妊娠時，黃體賀爾蒙會繼續分泌，使胎兒能完全著床，但沒有妊娠時，受精卵不來，準備好的著床就不必要了，於是所增殖的子宮內膜流出體外，這就是生理了。

排卵

生為女生，在母親的胎內就有原始的卵細胞藏在卵巢內，原始卵的數目因人而異，但其數大約都在三萬至二十萬個之間，都在原始卵胞中沉睡著；成長到了思春期，這些原始卵胞從沉睡中甦醒，開始活動；大約一個月之後，一個又一個的原始卵胞便有秩序地發育成長；二週後卵胞發育成熟，浮出卵巢的表面，就會破開由胞中跳出來，此時的卵子已完全成熟，也就是「排卵」的開始。

卵子若沒有受精就會死去，黃體賀爾蒙的分泌也就停止，增殖的子宮內膜自然地脫落流出體外，如此每月一次，直至閉經為止，以二十八天為週期，這就是生理的原因。

初潮的前一年就決定一生

女生在初潮的一年之前，身心就已起了變化，在肉體上乳房開始突出，乳腺也開始發育；在精神上會生出好奇心，譬如很想進去父母的房間或想窺視性生活，媽媽生理時，想進一步知道更多的故事，這些都是自發性的行動；有的女生態度變為反抗，有的變得更安靜，各人的差異不同，只要父母用心觀察，就會看出她的變化。

虛弱兒轉好的良機就在眼前

如果家中原就有虛弱兒，例如她從小就患有氣喘、脹氣、容易感冒、偏食、食慾不振、發育不良、慢性腎炎或肝炎……等疾病，如果父母能小心並掌握時機，在她初潮前給予適當的食補，便可完全改善孩子們的健康狀況，並使之能更加活潑而且健康。

初潮前發育不良的孩子，母親可以為他準備蓮藕、干貝燉排骨：

材料：蓮藕：體重一公斤需十公克、排骨為蓮藕的兩倍、干貝是蓮藕的十分之一。

做法：1 蓮藕盡可能選大一點的，不削皮，不切片，一節一節兩邊都留節的整節下鍋。

2 干貝用十倍的水泡8小時，泡水留著備用。

3 蓮藕、排骨放入鍋內，以八倍的水（干貝水也加入其中），加少許鹽，大火煮滾後改以小火燉八小時，直至排骨可用筷子一撥就爛為止。

4 八倍量的水若用紅、白蘿蔔（冬天用）或冬瓜（夏天用）絞汁，效果更好。

對於消化器（坐車暈車、易拉肚子）不好的小孩，可以為他準備四神豬腸湯，並於飯前為其按摩手、腳之後再進食：

材料：四神（茯苓三錢、芡實六錢、山藥六錢、去心蓮子七錢）、豬小腸六兩、鹹橄欖一枚。

以上量是以六歲大的孩童為標準，可依年齡大小按倍數加減，一天中分數次吃完。

做法：1 先將豬小腸用水沖淨，後加一倍鹽、十倍麵粉，再將小腸仔細搓揉，再沖淨；整條不斷地打鬆結數個。

2 將打好結的小腸，加上四神、鹹橄欖及十倍量的水，大火煮滾後，將腸結剪開，轉小火，燉煮一小時。

對於呼吸器（容易感冒）不好的小朋友，父母除在睡前為其作按摩肩胛骨預防感冒的動作外，可以為他準備豬肺管油煎蛋及蛋殼水：

做法：1 使用豬肺管炸出的油煎蛋，一星期吃三枚（蛋要去掉蛋帶）。

2 蛋殼洗淨、打碎，用紗布包起，加連皮老薑一大片、紅棗三粒、水三百西西，大火煮滾後，加少許糖，當茶喝，於一天內分數次喝完。

眼睛容易疲勞的孩子，則可用雞肝二枚、枸杞一又二分之一錢，再加六十西西的水燉煮食用，一星期吃一次；雞肝若不喜歡，可換成活蝦六、七尾，加枸杞燉著吃。另外，紅蘿蔔汁一公斤體重十西西，加少許糖，慢慢喝，對恢復眼睛的疲勞亦有助益。

莊老師幼儿寶

對於虛弱兒，廣和莊老師特別調製了適合嬰、幼兒使用的「莊老師幼儿寶」，它是以珍貴的冬蟲夏草及珍珠粉為主要原料，並輔之以乳鐵蛋白、孢子型乳酸菌、牛奶鈣、綜合酵素及果寡糖等多種營養成分，經過科學配製，精心製造 而成的天然食品。

「莊老師幼儿寶」不僅能幫助孩童促進新陳代謝、維持消化道機能，使養分充分吸收，並能補充天然鈣質，幫助牙齒及骨骼正常發育，是虛弱兒最佳的天然養生補品。

「莊老師幼儿寶」的食用方法：

A　1歲以下的嬰兒，每日一包，分二次，可加入牛奶或果汁中攪拌均勻服用。

B　滿週歲以上的孩童，每日二包，於早、晚飯前服用，可加入牛奶或果汁中攪拌均勻，或直接放入口中咀嚼服用。

阡阡的話

我是大章老師章惠如的寶貝女兒『阡阡』，民國八十六年出生的時候，體重3850公克，是個健康寶寶，後來爸B、媽咪把時間都放在照顧坐月子的阿姨身上，於是我開始變的不喜歡吃東西，而且抵抗力變的好差，只要天氣一變化，就會感冒，讓爸B跟媽咪又擔心、又心疼。

還好，我最親愛的爸爸、媽媽特地為我調製了『莊老師幼儿寶』，是我最喜歡的草莓口味，我超愛吃的！每天早、晚吃飯前都會先吃一包；現在，我已經恢復了『健康寶寶』的模樣，而且有好多、好多的叔叔跟阿姨都誇讚我臉色變的好紅潤、皮膚也變的好漂亮！

更讓爸B跟媽咪高興的是：我不會感冒了！健保卡不再蓋的密密麻麻，自從換了IC健保卡後，我也從來沒有使用過呦！我想，我一定要把這個好消息趕快告訴我的同學跟好朋友，我希望每個小朋友都能跟我一樣健康、快樂！

掌握週期，瞭解自己

妳知道自己上一次的經期是那一天來的嗎？如果回答不出來，那麼，妳可就無法掌握自己的生理週期，這樣子是很可惜的，因為妳將會錯過改善體質、減輕痛苦、讓自己輕盈的機會喔！

在生理期開始的七到十天前，女性的身體就會逐漸地起了一些變化，有的人會覺得下腹沈沈、重重的，有的人會感到疲倦，有的人會開始頭痛，也有人會覺得乳房變大、脹痛，不然就是便秘、拉肚子等，在日常生活中，情緒也會開始不一樣，比如沒理由地煩悶、莫名其妙地想哭、工作常犯小錯誤、想讓自己躲在一個角落、急躁、沒耐心、焦慮……等。

當妳發現自己有了上面的症狀時，請別慌張，由於生理期前，賀爾蒙開始分泌，人體會因為血液或其他器官的代謝作用而起了變化，自然會感到不舒服，此時如果只是放縱自己吃喝睡，那麼新陳代謝將會更不順暢，血液循環也會跟著慢下來，接著妳就會感到體內脹脹的（這就是脹氣）。

那麼，在生理期之前，要怎麼做才是最好的方式呢？

首先，請多活動活動、伸展筋骨，「運動可以緩和不安的情緒」—即使是簡單的體操，也能降低不安的情緒，因此在辦公室中的妳，不妨可以利用上廁所或者坐累了的時間來個辦公室體操。

此外，做一些美化環境的事也可以調節不好的情緒，比如買花佈置房間、整理凌亂的抽屜等，當妳的視覺所接觸的都是漂亮、整齊的一面時，妳的情緒自然也會比較舒緩。

排卵日的妳最美了

在二十八天的週期中，有一天是特別需要注意的，那就是排卵日。為什麼要特別注意排卵日呢？

對於想避孕的、或者希望懷孕的人來說，排卵日的重要性自然不可諱言。就健康方面來看，確實排卵是女性健康與否的指標之一，如果沒有排卵，就要趕緊去看醫生。

除此之外，當妳想要拍出美美的照片、或者有非常重要的約會時，更不能不知道自己的排卵日。

由於排卵日是前次生理期和這次生理期的中點，這一天通常是身體最不疲勞的時候（距離上次生理期已經兩個星期，而下次的生理期也還有兩個星期），在這天，女性會特別亮麗，讀書、工作也會比較有效率，假如想拍寫真照或者是相親、聯誼、和男友的家人見面，能夠選擇這一天來進行最好，不然，在排卵日的前兩、三天以及後兩、三天，也是很不錯的時機。

前面曾經提過，排卵日是賀爾蒙代謝的分歧點，這一天，妳的身心也會因為排卵而有所影響，因此絕對不要讓自己太疲累，好為下一次的生理期順利奠定良好的基礎。

每個女性都應該學會測量基礎體溫

小芳曾經墮胎過，醫生在替她拿掉小孩的同時，也要求她必須開始測量基礎體溫。

小如的經期非常不準，醫生在開藥讓她服用時，也要她下個月帶來她的基礎體溫表，以做為下一次診斷的根據。

阿文有習慣性流產的現象，這次又懷孕了，醫生強烈建議她每天都要量基礎體溫，以得知胎兒的狀況。

基礎體溫計是什麼呢？為何小芳、小如及阿文的醫生都希望她們能夠每天確實量基礎體溫？

事實上，不只是上述三種狀況需要量基礎體溫，妳或許也很需要呢！

現代人的性觀念要比以前開放得多，女性除了要學會保護自己，更不能忽略量基礎體溫。

早上醒來，當妳還沒離開溫暖的被窩時，記得先將手伸到床頭櫃或枕下，拿出基礎體溫計，等到量好了基礎體溫後，再下床展開一日的活動。

從基礎體溫中，我們可以知道自己的賀爾蒙代謝是否正常？也可以瞭解胃和腸內脹氣的情形以及得知疲倦是否都已經消除？更重要的是從高溫期和低溫期中，判斷出排卵的日子、自然避孕或受孕。

基礎體溫可以傳遞微妙的體內狀態

所謂基礎體溫是早晨醒來時還在棉被裏，未活動以前就應做的事情。

量基礎體溫可以知道什麼呢？

- 賀爾蒙代謝的正常和異常。
- 疲倦是不是每天完全得到消除。
- 胃和腸內脹氣的情形。
- 判斷高溫期和低溫期，以便抓住排卵的日子，也是避孕的自然方法。

量基礎體溫可以說是女性健康自我管理的「醫生」！

什麼是高溫期和低溫期

健康女性的基礎體溫是以排卵時期為中心，前二週是低溫期，排卵後的二週是高溫期，這是普通的二相性，那是因為卵巢分泌的卵胞賀爾蒙和黃體賀爾蒙不同的緣故。排卵期的低溫期在分泌卵胞賀爾蒙，將子宮內膜逐漸增殖為妊娠做準備，排卵後為了受精就分泌黃體賀爾蒙蓄存子宮內膜的營養，同時刺激腦部的體溫中樞，體溫就此上升，因此有了高溫期與低溫期的分別。

不受精時子宮內膜的妊娠準備變成多餘，因此黃體退化沒有分泌賀爾蒙，生理就開始了；之後又是卵胞賀爾蒙的分泌……這樣不斷循環，這是唯獨女性才有的肉體神秘律動。

排卵後如果受精，黃體賀爾蒙就會繼續分泌，此時為高溫期。

基礎體溫一般來說，生理後暫時維持在攝氏三十六點七度以下，有一天忽然再下降，就是排卵日；之後再上升至三十六點七度以上，繼續兩週，再下降

時生理就來了。

有恆心地繼續量基礎體溫，可以知道什麼時候生理要來，更重要是知道妳何時有孕、何時不孕，對於想要或不要孩子的婦女朋友很有幫助，另外，考試、交朋友或做重要事時，也可以知道如何做調適。

基礎體温的量法

首先，到藥房買基礎體溫計。

基礎體溫計跟一般的普通體溫計不同，購買時請特別聲明要基礎體溫計。

這種專為婦女設計的體溫計，除了有一般攝氏刻度外，還將攝氏一度細分為二十個刻度，因此能更精細地顯示出基礎體溫。

基礎體溫是要在清晨醒來的時候，不要動也不要起床，在棉被中把體溫計塞在舌頭下方含五分鐘後，才是正確的基礎體溫；所以要把體溫計放在枕頭邊一伸手就可拿到的地方，不要去洗手間，也不要出聲。

當妳將買來的基礎體溫計盒打開後，妳會發現盒內不僅有溫度計，還有一張畫著格子的表，這張紙就是基礎體溫計錄表。

在記錄基礎體溫時，一定要使用基礎體溫計錄表，一般的表格是無法看出基礎體溫的變化，也看不出是否懷孕、有沒有排卵、是否流產等事情。所以，

當妳拿到基礎體溫計錄表時，請先將它拿去影印，以備未來的幾個月使用。不過，除了紀錄每日的體溫外，每天晚上入浴、消除疲勞後，請仔細的回想自己身心的狀況，比如：是否有疲勞、腹脹、頭痛、失眠……等狀況；排便是否正常、是否有吃豐盛的早餐、或宵夜？是否按時服用莊老師「仕女寶」或「喜寶」……，詳細紀錄後與基礎體溫對照，就能完全掌握自己的生理及身、心健康。

＊有關能與身心狀況對照的基礎體溫表，可以直撥免付費電話向廣和免費索取（0800-666-620）。

現在，妳準備好開始測量基礎體溫了嗎？

首先，將基礎體溫計放在伸手就可以拿到的地方。（有的人會放在床頭櫃，有的人會放在枕頭旁）

每天早上醒來後先不要動，將基礎體溫計放在舌下含五分鐘，並維持安靜，五分鐘後再將妳的基礎體溫記錄在表上，方可下床開始一天的動作。

測量基礎體溫時，最好都選在同一個時間量會比較準確，剛開始時很容易忘記測量，不過，只要妳有耐心，一段時間之後就習慣了。

晚上入浴、消除疲勞後，仔細的回想自己一日的身心狀況，並記錄於體溫表的備考欄。

掌握女性狀況的基礎體溫表

	年　　月份																															
	日期																															
	星期																															
	.4																															
	.3																															
	.2																															
	.1																															
	37.0																															
	.9																															
	.8																															
	.7																															
	.6																															
	36.5																															
	.4																															
	.3																															
	.2																															
	.1																															
	36.0																															
	.9																															
	.8																															
	.7																															
	.6																															
	35.5																															
	記錄月經期																															
	隨時想睡覺																															
	沒胃口																															
	全身疲勞																															
	習慣性感冒																															
	生理痛																															
期	下腹脹																															
	腰酸																															
	便秘																															
	拉肚子																															
	洗頭髮																															
	頭重																															
	頭昏																															
後	早上起不來																															
	疲勞不易恢復																															
	乳脹																															
	胃脹																															
前	頭痛																															
	青春痘																															
	情緒不穩																															
	不正常出血																															
	排便																															
也	豐盛的早餐																															
	仕女寶																															

1.由月經第一天開始記錄 ,該日即為周期之第一天.月經期以x號記下

2.測量時間需每日固定.溫度計於前日晚間先放於枕邊.早晨醒來不可移動.直接測量後才起床

3.將體溫記錄於上表.每日溫度連接起來.即成可判斷健康之曲線

4.每晚入浴後.疲勞消除時.請回想當天自己的身心狀況.記錄於上表(打v)

如何看自己的基礎體溫

「咦？我的基礎體溫怎麼突然下降？」

「我的基礎體溫為什麼會從某一天開始上昇？」

當妳開始記錄基礎體溫後，會發現身體的微妙，也更瞭解自己。

每個月都排卵正常的女性，在月經時與月經後幾天一定是低溫期，從排卵後到下次月經前為高溫期，所以，當妳發現某一天的基礎體溫突然降至最低，就表示這天是妳的排卵日。

至於沒有排卵的女性，由於卵巢不會分泌黃體荷爾蒙，體溫就不會昇高，所以基礎體溫表上的曲線就不會有高低溫差別，這類型的人就算有月經也沒有排卵，稱為「無排卵性月經」，而對於想生小孩的女性來說，就必須趕快找醫生治療，讓自己成為會排卵的女性。

至於害怕懷孕的人，也要特別注意，雖說是排卵日後開始進入高溫期（安全期），不過，從一些實施人工授精的例子來說，發現到有些女性是在高溫期的第一、二天授精；有些女性則是在低溫期的最後一、二天授精，所以，可別以為只要排卵日當天不發生性關係就不會懷孕了，在下圖中，我們會告訴妳如何從基礎體溫表來看出比較安全期和絕對安全期。

基礎體溫表

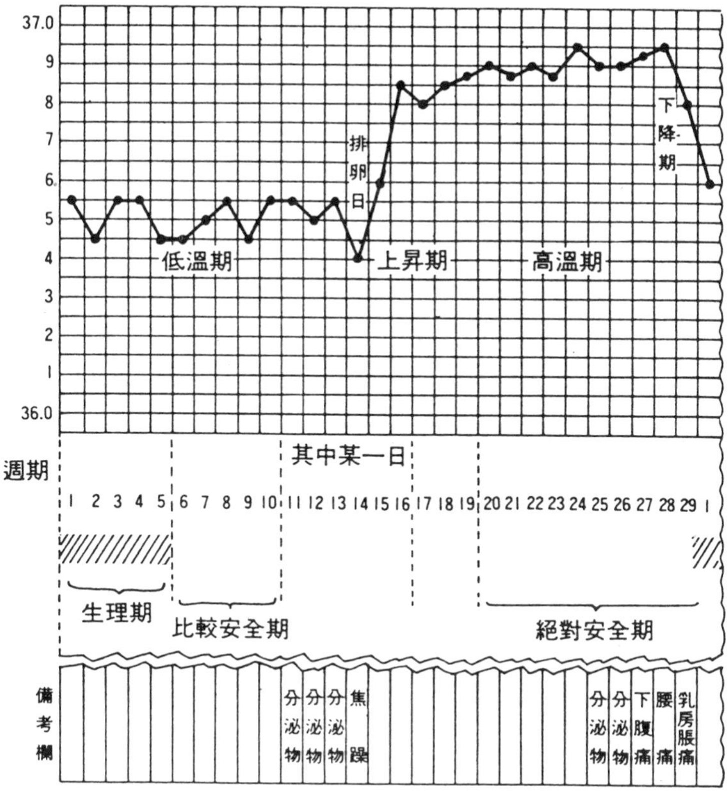

只要發現什麼狀況都紀錄下來

正常排卵性月經圖的看法

・月經期間和月經後一陣子，體溫維持較低的低溫期。

・以排卵日為界，排卵後體溫上昇，接下來約兩個星期，會繼續維持高溫期。

・體溫下降的同時，開始下次的月經。

・基礎體溫因測量時間不同亦有所差別，若比平常早一小時量的話，體溫計上會低兩個刻度；若晚一小時量，則會比平常高一個刻度。此外，在運動、進食和情緒高昂時，或者沈思、睡眠不足等，都會使體溫上昇。

貼心小站：當感冒或吃藥，甚至情緒比較激動時，體溫也可能會出現變化，所以要記得在記錄表上的備註欄寫清楚喔。

無排卵性月經

■體溫刻度的曲線不會有高低溫差別，而只呈現一種情形時，斷定爲無排卵性月經。

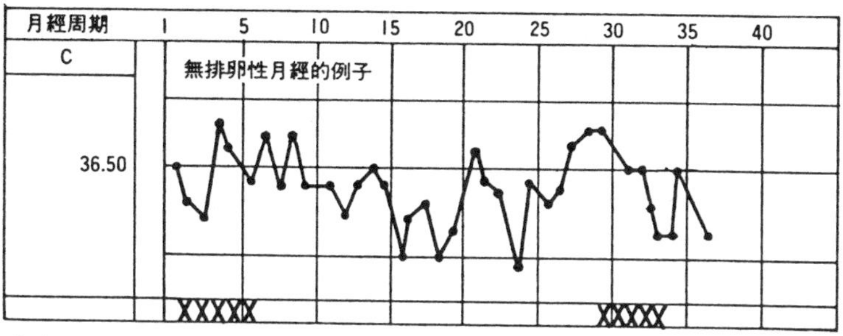

懷孕的早期發現

■從排卵的當天算起，過了21天，體溫仍持續高溫而無月經來臨，推測爲懷孕。

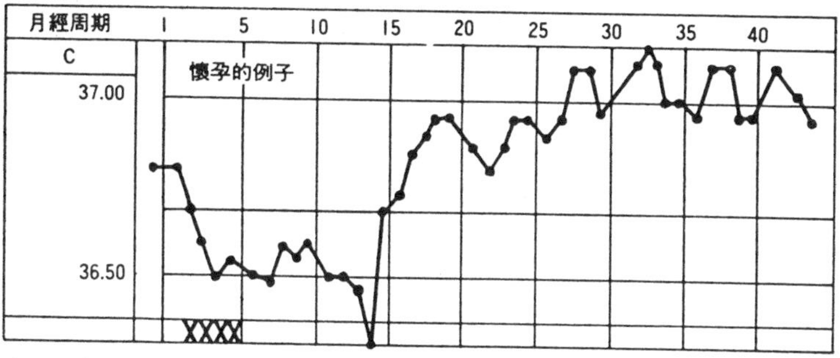

自然流產的情形

■在懷孕期間，體溫突然下降，則有流產的可能性。此時應去請教醫生。

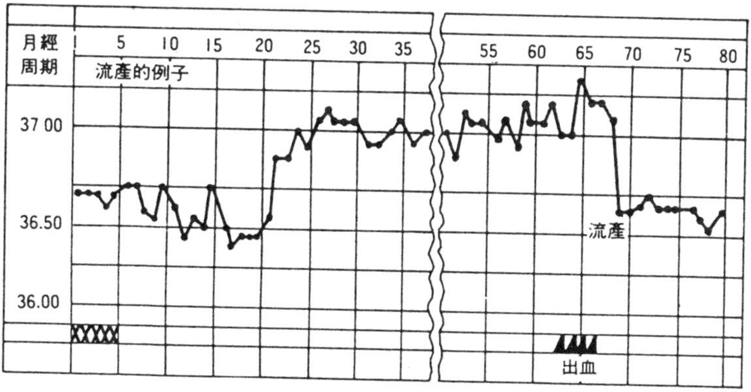

第三篇　生理不順一定會痊癒

生理不順是危險訊號！

初潮來了以後，如果短時間沒有照二十八天的週期來，這種狀況並不稀奇；但，若是慢了兩個星期或完了卻又來了，這就表示不順。

順利與否，因人而異，不過初潮起第三年才照週期來的人並沒有什麼不對勁，因為賀爾蒙的安定與否也要靠身體的成熟來做配合；也就是說：初潮起之後四年內所謂的不順，無需太過擔心；但，長大後週期仍不規則，或三個月、半年沒有生理的人就有問題了。那麼你知道什麼是「生理不順」的狀態嗎？

二十八日週期或三十日週期，早二、三天，慢二、三天，這不是不順。有少數人先天性的一年一次或一年四次的定律，這也不是生理不順。一般來講：早來五天以上，或慢了五天以上就是生理不順了。

早五、六天或遲五、六天有什麼關係呢？如果半年才來一次，那不是更好嗎？妳是不是也這麼想呢？其實生理是女性身體健康及精神狀態非常微妙的指針，每個月有一定的週期才能說是真正的身心都健康。生理不定期就等於在告訴妳：身體與精神有了不平衡的現象，請妳要小心了！因為女性生理的順與不順和身體的好壞有密不可分的關係。

女性患者總是有種種的煩惱，如：黑斑、青春痘、肝斑、頭髮沒光澤、胃痛、腰痛、背痛……，但依她的症狀下藥並不能解決問題。人非機器，全身平衡的失調是在某個部位的弱點上，而生理不順的症狀可以說是弱點中之最了。

所謂生理不順，就是指身體易受病魔侵襲的一種狀態，青春痘、脹氣的出現並不稀奇，問題是不能忽視它；就有如常常有人說：「癌，應早期發現，早期治療」；說得對極了！可是癌就是癌，就算早期發現也已太遲了！所以無論如何，癌是一定要預防的，有了健康的身體就不會有癌的出現了！

時常早來的人

時常早來的人，大部分是喜吃辛香料、喜歡吃肉、不喜歡吃青菜的人；吃太多辛香料等刺激物，在中醫說是「血熱」，身體的溫度會偏高，會有烘熱的感覺。常早來的人，經血是比普通的稍微黑，這是特徵。

因應的對策就是一天二十四小時的生活要好好的過，第五章將敍述正確的生活方式，請細讀遵守。

食物要避免辛香料：如蔥、洋蔥、大蒜、辣椒、青椒……等；吃飯前要按摩耳朵把疲倦去除，注意自己的內心不要有不安或緊張的情緒，那麼只需半年至一年的時間，生理不順就會痊癒了。

時常遲來的人

生理時常遲來的人，則是喜食冷飲、喜歡青菜、不喜歡肉類；這代表著營養不良、怕冷、貧血，換句話說是製造生理的力量不足。

常遲來的人，經血顏色略為稀薄，看起來有不安全的感覺；這類型的婦女，可於生理日的第一、二天多吃薑炒雞肝或豬肝的料理，平常則多吃補血的食品，裨使製造生理的力量充實，逐漸血色就會濃稠，那麼就可以見到二十八日或三十日週期規律的生理了。

為什麼會有生理痛

除了生理不順外，許多女性更為生理痛所苦。每個月一次的生理痛，雖然不致於死人，但是痛起來可以翻來滾去、有的人會痛到吐、有的人從腹部痛到頭、也有人甚至得到醫院掛急診打針才能止痛，真是折磨人。

生理痛，將讓女性們因身體的不適而變得易怒、煩躁，什麼事都提不起勁，有些女學生一遇到生理痛就得請假在家中休息，因為痛都痛暈了，到學校也無心聽課。

然而，有的女性卻一生都不曾經歷過生理痛，只能看別人痛而無法親身感受。

為什麼同樣是女性，有的人會有生理痛，有的人卻不會有這個困擾呢？

其實，幾乎所有生理痛的症狀，並不是身體異狀所帶來的，這樣講也許妳會吃驚吧！但疼痛的真正原因只是血塊而已。由於子宮口僅像針頭般尖小，假如血液能夠順利地從子宮口排出，那麼就不覺得疼痛，假如血液凝成血塊，要想順利地排出就不是那麼容易了，當血塊在子宮口堵住，想流又流不出去時，生理痛也就產生，而當生理期的第二天時，由於血塊已經在「努力下」流出子宮口，所以，許多會生理痛的女性通常只會在第一天時疼痛，就是這個道理。

為什麼會血液會變成血塊呢？因為生理時懈怠了應注意的生活方式，也就是生理中洗頭髮、吃冷食、不吃促進新陳代謝的食物……等。還有生理一週前沒有注意規則，譬如：不提過重的東西、不通宵加班、不做激烈運動……等。若能確實遵守應注意的規則，相信即使再嚴重的生理痛，也會雲消霧散。

對於身體而言，生理期的該排出的血液其實是一種老廢物，假如老廢物沒有完全排淨而留在體內的話，那麼一定會讓身體代謝機能不順，影響身體健

康。

為了要讓體內的老廢物順順利利排出，女性要特別注意生理期時的生活作息方式（如不洗頭、不提重物、不過度運動……等），同時也要多吃有益新陳代謝的食物（第四篇將會介紹），讓自己不僅生理不痛，平常也能容光煥發。

生理痛是可以避免的

女性由十二歲生理來潮，至四十五歲，一連有三十多年的時間總有因生理不順、生理痛而煩躁不安的時候，若能遵守生理時的注意規則，並加上「仕女寶」的調適，是一定可以治癒多年陳疾的！

人，原本是健康的，如果有病是因為錯誤的飲食生活和身心管理不當，導致內分泌的不平衡和血液成分的不調和，因此就失去了抵抗力！相反的，分泌平衡了，血液成分適中，身體就可以恢復健康！

為了女性的生理機能能正常活潑，古時候的藥房就有賣「薏仁湯」的煎藥，可是現在很少見到這種藥，所以廣和莊老師特別製造了「仕女寶」。

「莊老師仕女寶」是專為生理期的婦女設計雙效合一的天然養生保健食品，內含婦寶十五包及養要康十五包，為生理期五日量，為了方便上班族的女性使用，特別將內包裝設計為長條狀以方便攜帶及服用，可以調節生理機能及

養顏美容，是生理期女性必備的天然養生食品。

A【莊老師婦寶】：

以特殊栽培、細心管理的薏苡種實為主要原料，配合高品質的珍珠粉、米胚芽萃取物（維素：r-Oryzanol）、大豆萃取物（大豆異黃酮：Isoflavone）、小麥胚芽粉末（維生素E）以及蛋殼萃取物、特級山楂、精選山藥、薑……等精心製造的天然食品，並特別添加琉璃苣油粉末（Borage），一般人適用，尤其推薦有生理痛、生理不順的婦女，於生理期間服用。

B【莊老師養要康】：

以杜仲為主要原料，配合高品質的白鶴靈芝、天然甲殼素、鯊魚軟骨粉末…等精心製造的天然食品，一般人適用，尤其推薦生理期的婦女與常感腰酸者使用。

仕女寶的食用方法

好朋友來的第一天開始就要吃「仕女寶」，要吃足五天，「仕女寶」一盒計有三十包，一天六包，正好是五天的份量。

「仕女寶」的食用方法：

於生理期間第一天起，連續五天，每日三次，於三餐飯後先服用婦寶一包，約三至五分鐘後，再服用養要康一包，可加入一百西西的熱開水中攪拌均勻、或直接放入口中咀嚼服用。

更年期的女性，也可食用「仕女寶」！

・吃法：每天上午十時服用婦寶一包、下午三時服用養要康一包，直接放入口中咀嚼，佐以一百六十西西的蓮藕汁食之。

閉經後，吃「仕女寶」保青春！

・吃法：每天上午十時服用婦寶一包、下午三時服用養要康一包，直接放入口中咀嚼，佐以一百六十西西的紅蘿蔔汁食之。

初潮期，吃「仕女寶」奠定一生健康的基礎

為什麼初潮來的時候有的有生理痛，而有的又沒有呢？可以說這都是當媽媽的責任。因為當媽媽的要從初潮的一年以前，就應該注意為自己的孩子做迎接初潮的準備，不要讓孩子吃冷飲，也不要讓孩子吃冰箱裡的冷藏食物，並且教導孩子自己不要吃；只要好好指導她的飲食與生活，就不會有生理痛的煩惱了。

一般人以為成長未完全才會生理痛，其實這種想法是錯的，初潮期容易有生理痛的女孩，大都是孩提時代有下痢、嘔吐、消化不良等腸胃不好的現象，這種孩子可以給她多吃蓮子和紅豆，並於初潮來臨時，連續服用三至六盒的

「仕女寶」以奠定生理健康的基礎。平時多注意自己的孩子，並給予充分的準備，那麼當孩子有了初潮時，性格就可以好轉，變得有進取心，即使先天體弱的孩子，也可以在母親的安排之下有「我變大人了！」的自信，這種心、身的教育比什麼都重要！假如孩子有生理痛，也由於媽媽細心的指導和注意而痊癒，她自然也會歡迎生理；不但如此，她的意志也將變得更堅強、背脊伸直、身高拉長、上半身發達、腰縮小，而愈顯得均勻而結實了。

不適合「仕女寶」的症狀

懷孕中、胃出血、十二指腸出血中、經常高血壓的人、感冒發燒時、血崩。

不要忽視感冒

生理、感冒、癌，這三者有著密不可分的關係！

常言道：「感冒是萬病之源」，是千真萬確的。

生理中總是身體很疲倦，疲倦就容易著涼，是很簡單的道理。生理中一但感冒了，不知為什麼每個月的生理中就會感冒，從此就會變成一種令人煩惱憂慮的特殊習性。

習慣成癖！若每個月的生理都要感冒，這種狀況一直持續了六年以上，可以斷言的：腦腫瘤、子宮肌瘤、乳腺腫、卵巢瘤、子宮癌、乳癌……等，逐漸地就來了！

在這以前，鼻與聽力有障礙了，咽喉炎、支氣管擴張症、氣喘、皮膚炎、腦性麻痺、過敏性濕疹、扁桃腺炎、中耳炎、關節風濕，還有生理痛障礙，這都是感冒的後遺症，而最可怕的就是癌的發生了！

生理中的感冒，一般藥局的成藥是沒有效果的，所以，每個月的生理期都要做好小月子，唯有重視生理、把握生理轉機，才是每個女性健康的根本之道！

感冒、生理與腫瘤

對於感冒誰都不相信它是嚴重的事情，以下就將感冒、生理與腫瘤的關係，用A患者為例，詳細的說給各位讀者聽，我們來看看她可怕的經歷：

我在一九七三年患了腦下垂體腫瘤，接受了一般人都認為不治之症的腦腫瘤開刀，當時的症狀是腫瘤壓迫視神經而變得視野狹窄，視力減退；這是第一次開刀。

如果開刀只是那麼一次就康復多好！可是一年半之後，由於傷口處出血再開刀；經過二年又再患，在頭部一共開了三次刀。

有兩次就有三次，三次就有四次、五次⋯⋯！當時的腦裡確實被這樣的聯想所佔據，我已經灰頭土臉厭惡世間了。「到底是為什麼？這樣的不幸為什麼降臨在我頭上呢？」腦外科醫師不回答我的問題，真的是運勢不濟嗎？假如知道為什麼，一定會有解決的辦法，然而連原因都不得而知，這種不安真是苦不堪言！

當時我與死亡就只一線之隔，在憂慮萬狀中過著不知如何是好的日子。開刀後肩部酸痛得很厲害，脖子也痛得下不了床；不是懈怠，也不是沒有勇氣，實在是無所適從的狀態了。媽媽為我做長期的看護，已經看得出她老人家十分勞累，疲憊得無計可施，也變得無精打采了。

一切都是機緣，隔鄰的太太請媽媽一起去聽莊淑旂博士的演講，演講的內容是：生理期間洗頭會引起生理痛，如果以止痛藥來治療，最後的結果是變成腦腫瘤！生理中冷食吃太多，下腹受冷，整日昏沉，偏食也是原因之一等；莊博士的演講，與我的病情完全相同，我覺得這將是我的一線生機，於是去拜訪了莊博士。

我告訴莊博士：「早晨總是起不了床！」「妳一定會起得來！」她這麼

說。聽了博士的妙語解悟，使我馬上有了全新的思想，我告訴自己：「我得救了！」很感激莊博士的一席話，喚醒了愚昧的我。

我的生理痛現象很嚴重，它的症狀是嘔吐、畏寒，相反的也會出冷汗，還有下痢，全身的厭倦是不可言喻的。莊博士說：「妳腦腫瘤的原因是從生理痛引起的，先由根本治療做起。」

由於長期和疾病奮戰的生活，所體驗的一種面對生命的第六感出現了！我告訴自己：也許病情有了轉機。腦腫瘤和生理痛不是兩種痛！因此我想到，這一定是互為因果關係的一種病症。

莊博士也指導我感冒要一併治療，否則不易痊癒。換句話說：不守生理中的注意規則就容易感冒，感冒的病菌侵入體內的弱點，決定它的病痛！竟然感冒與各器官有這樣不尋常的關係，真使我驚慌失色！

從此我就認真的做改善體質的措施，首先生理中不洗頭、不吃冷飲、嚴防不再感冒。

食療方面：吃蘿蔔的絞汁和「福康」（後改良為「仙杜康」）、冬瓜、干貝等；生理中的飲食生活也十分注意；去除脹氣是吃蘿蔔汁；為了消除不安和緊張的情緒，不吃辛香料和咖哩等。

在日常生活，基礎體溫是一定要量並做紀錄，預防感冒的指壓按摩、綁腹帶、做宇宙體操，家事空閒下來就把背部靠牆壁做伸直姿勢的體操（牆壁手臂運動），吃飯前、就寢前要緩和緊張的氣氛，來個指壓耳朵，還有眼部、手部、足部按摩按摩等等，恆常不懈怠的做。

照莊博士的吩咐，我有恆心的遵守，在不知不覺間所有的症狀都擺平了，生理痊癒了，以前恐懼的心理，現在是完全消失了，肩部的疼痛也不再發生

了。認識莊博士六年後，所有的陰影和不愉快都消失了，幾年前頭上大手術的痕跡也不見了，頭部斷層的照片也很正常，一切的藥也都不再服用了。內心的衝突與掙扎沒有了，心情的愉快一直在提昇，如今是日新又新，過著體力充沛、喜悅順利的生活！

莊博士的話：

以上這位A小姐的情況，感冒求內科、生理痛看婦科、腦腫瘤卻又找腦外科，這樣頭痛醫頭、腳痛醫腳，只醫症狀，忽略根本的解決之策，所以只是延長痛苦而已。事實上，所有器官都相互合作而發揮功能的，一個小小的牙痛就能使全身不自在而平白無故的浪費一整天。

A小姐來看我時，我告訴她：「妳所有的症狀都相互關連的，其原因只是一個而已！」這句話，使她好像有了突如其來的靈感似的，也許是在長期的病苦中找不到原因而迷惑多時，當她相信原因之後，肯實踐我的指導，恆心地謀求健康，真是令人佩服！她不認輸的決心使她奇蹟似的站了起來，真是令人高興！

預防感冒的「合掌法」與「肩胛骨按摩法」

這種呼吸法與按摩法，對於容易感冒的人、不易恢復疲勞的人、易患支氣管炎、慢性支氣管炎、過敏性鼻炎、蓄膿症、肥厚性鼻炎等症狀的人，都有很好的效果。

早上起床時的呼吸法

請於前一天晚上睡覺前將一只乾淨的口罩放在枕旁，此呼吸法要等基礎體溫量好後再做，並且是在床上動作：

一．呼氣：從丹田（下腹）吐氣，要細要長，完全吐出後閉唇，再從鼻孔吸氣，這時丹田呈漲高的狀態，之後雙手張開，向前用力合掌。

二．兩掌相搓，直到感覺有電有熱為止。

三．熱熱的雙掌移到臉頰，像口罩似的蓋住鼻孔和嘴，之後呼氣，要慢、細、長，丹田（下腹）漸漸縮小。

四・上述三個步驟重複十二次之後，將口罩戴上約二十分鐘後，再起床換衣、上洗手間，收拾房間後再將口罩取下。

早晨預防感冒的呼吸法

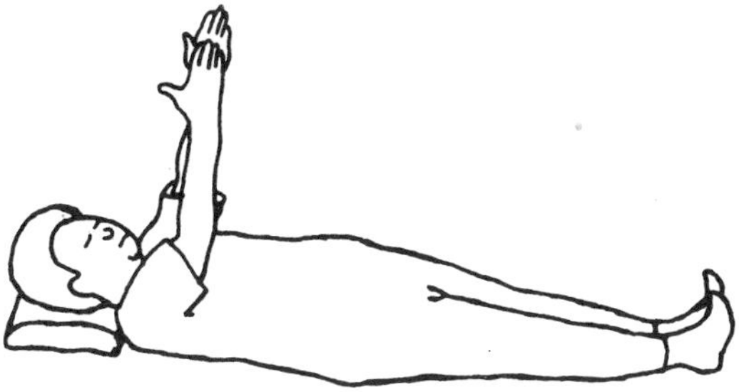

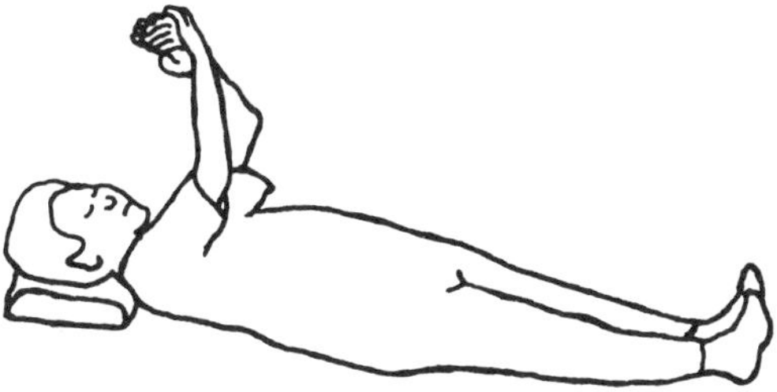

預防感冒呼吸法：

1. 先將枕頭拿開，雙腿伸直，把腹中所有的氣吐出來，吐三次。
2. 將雙手張開，向上舉至與肩膀成垂直狀，雙掌合攏，一面吸氣一面搓手，使手掌因為互相摩擦產生電熱。
3. 把握手中有熱度時，雙掌交疊，手指密合，將熱氣密封護住鼻和口部。
4. 由腹部吐氣，熱氣吸吐完了，再重覆2.3.4.的步驟，共做十二次。
5. 做完即刻將前晚預置於床邊之乾淨口罩戴上後，再下床開始晨間活動。
6. 呼吸氣官弱者，脖子圍上手帕或圍巾，待大便完要洗臉時才拿掉。

晚上就寢前的按摩法

一．雙腳張開與肩同寬，縮腹、挺胸站好。一隻手舉至比肩膀還要高的地方，另一隻手向背部伸。

二．左邊肩胛骨的內側的線用右手指（手掌張開）由上往下，右邊肩胛骨則用左手指好好地由上而下地按摩。

三．同一姿勢左、右各八次。

四．接來來做兩腋按摩。手指張開，右腋以右手、左腋以左手，拇指向後，四指向前攤開的手掌全面出力，從上至下的有韻律的按摩，如此可將一天的疲倦完全地消除。

就寢前預防感冒的按摩法

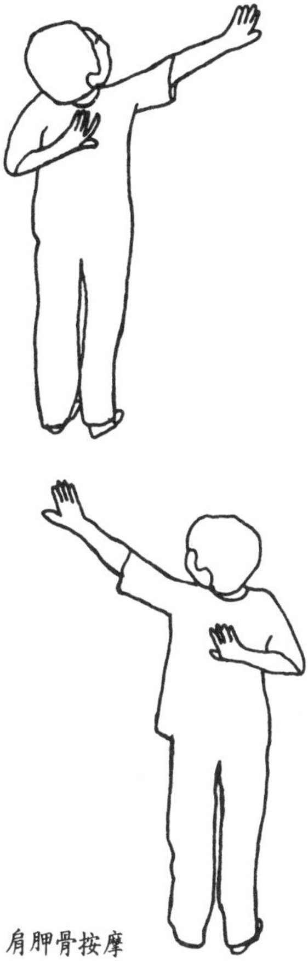

肩胛骨按摩

一手平舉略高於肩膀，並略後伸，頭儘量向指間看，另一手繞向後背，上半身略後仰，由肩胛骨內側按摩而下，左右各八次。

女性的大敵：冷氣房病

夏天的來臨，急速增加的是「冷氣房病」；其實沒有什麼「冷氣房病」的病名，是冷氣房內與外面的溫差太大所引起的障礙，才有了這個病名的。

冷氣房病多發生於女性身上，如：腰痛、腹痛、胃下垂、手腳冰冷、膀胱炎、頭痛、以及全身不適等，室內與室外的溫差太大，會使全身的機能出現障礙而容易感染疾病；我們的祖先曾告誡我們：女性的身體千萬別受寒！這樣的忠告在後輩中大多是不放在心上的。為何女性不可以受冷？理由在哪裡？

生理的一週內，特別要注意身體是否受寒，因為生理期間卵巢、子宮等的生理機能要更活潑，因此受寒、拿重物、過勞都不被允許。生理在體內的子宮內膜融解，體內的機能拼命的使其排出體外，生理後還要為下一次的排卵和受精做準備！妳想，這要花多麼大的能量，才能順利地完成啊！

冷氣房易生的障礙是腎機能的減退，腎臟是操作人體水份新陳代謝的器官，因此我們常常可以發現，整天在大樓辦公室的人中，總有少數的人整天無需上廁所小解的。體內雖然有水份，可是因周圍的溫度不適當時也會使循環遲緩，排泄也就不好了，結果是身體倦怠，腎臟開始有了異狀，甚至影響到消化器官和腦神經等；女性方面是造成生理的不順，男性則影響到賀爾蒙分泌的不平衡。

怎麼辦呢？首先要保護腎臟。男性，尤其是下腹突出體型的人，畏寒、腰部常感酸痛的人，要有穿腹帶的習慣，現在百貨公司出售寬大的腹帶，可以簡單的束在西褲上面。

女性則可以白紗布束腹，可以保護背與腰，女性生理中即使是夏天最好也要穿襪子，千萬不要著涼。水份要控制，小號要常去，吸收和排泄一定要平衡，如此自然地就能培養出對溫度變化的適應，並產生抵抗力。

另外，冷氣房會削弱黏膜的抵抗力，若一直持續在冷氣房中，會因空氣的乾燥使黏膜的抵抗力減弱，因此容易發生炎症，還有從冷氣房一下子步出戶外，會碰到溫度的急速變化而產生身體的不適應，防範這個現象的方法是在冷氣房裡燒一壺開水讓蒸氣噴出，也放一些盆栽，使溫度和濕度的均衡能保持平衡。為了不讓黏膜失去抵抗力，要時常跑出室外或者是戶外，以保持適應力。

在冷氣房裡，若都坐著不動，實在不太好，此時試著腳尖載重物、挺直腰部走走看，會發現：下腹縮回、腎臟的功能也正常運作；這是一個簡單又有明顯效果的小運動，請試一試。

此外，非生理期間，不妨於中午飯前或下午三時最疲勞的時候花上三至五分鐘做做「宇宙操」，也能快速地讓妳全身血液及津液暢通，提高抵抗力，對抗冷氣房病！

青春痘─蛋白敷臉效果大

有人說：青春痘是青春的象徵，也有人說這是思春期間自然會有的現象，只要過了這個時期痘痘就會消失。

但，事實上會長青春痘就是身體的異常訊號了，不能說：「只是青春痘罷了！」；而且青春痘如果處置不當，本來光滑的肌膚可能變成粗糙，嚴重者甚至而留下疤痕，故不可不慎！

痘痘、粉刺、斑點多的人，主要的原因是「大腸機能差、蠕動力不夠」，因此製造了脹氣及毒素，體內的脹氣及毒素不除，臉上的痘痘就出現了！而事實上，青春痘與脹氣、便秘、偏食和姿勢不對都有密切關係，大意不得。

脹氣的壓迫與生理痛也有關係，思春期的人如果體內有脹氣，胸寬、身高和臀部的成長都將受影響、受阻礙；只要將「腸」治好、脹氣及毒素排除，臉上的斑點不但會消除，體型也會邁向健康。此時期，如果身高停頓，就會往橫

向發展，成為肥胖者，這是十分令人擔心的！因此別小看了青春痘所帶來的影響與意義。

蛋白敷臉效果大

好！把應付青春痘的對策，介紹給妳們。因青春痘而煩惱的人，洗臉時最好不用普通的香皂，把蛋白裝入瓶中冷藏保存，每日洗臉時取出蛋白敷臉二、三分鐘，乾了再沖水，這種蛋白敷臉效果很好。

但最要緊的是保持清潔，還有最好別把痘痘擠破，擠破的痘痘容易發炎，也會留下疤痕。然而，青春痘的根本治療是要先治療容易製造脹氣的症狀，譬如說要去除橫隔膜的脹氣，妳的坐姿不能前彎，姿勢要正，挺直，食物的咀嚼法也很重要，做宇宙操效果也不錯，另外，多吃「仙杜康」也能有效的消除體內的脹氣及毒素。

神奇的仙杜康

「莊老師仙杜康」是以新鮮糙薏仁為主要原料，配合珍貴的冬蟲夏草、孢子型乳酸菌、蔬果纖維、胺基酸和甘草、山楂、雞內金等多種營養成分，經過科學配製，精心製造而成的天然食品。

「莊老師仙杜康」能促進新陳代謝、維持消化道機能，使排泄順暢，並能減輕疲勞和養顏美容，男女老幼均適用，但孕婦及準備在一個月內懷孕的婦女禁用。

仙杜康的食用方法

想要調整體質的人，可以連續服用「仙杜康」三至六個月，最好不要間斷，「仙杜康」一盒計有二十八包，一天三至六包，大約是五至十天的份量。

吃法：每日服用「仙杜康」三—六包，每餐一—二包，可當飯吃、或於飯前服用，可以打開直接吃或配湯、飲料及一般菜餚食用，連續三—六個月勿間斷。

第四篇　好朋友來了！

好朋友來臨時，妳的能量將少掉一半

由於生理期時是女性的荷爾蒙平衡、身體器官會發生微妙現象的時候，女性的能量在此時特別容易消耗，假如平常的妳有十分的能量，生理期時大概就只有五分的能量，假如此時又喝冷的、熬夜或是提重物、過度運動、增加壓力甚至感冒，那麼妳的能量恐怕會從五分往下滑到三分，此時，荷爾蒙的分泌就會變得不平衡，一旦荷爾蒙失調，原本身體比較容易被疾病侵犯的部分可能會出現問題，一些婦女病也就跟著而來了。

所以，在生理期時一定要特別留意自己的身體，做好所有生活與飲食的管理事項，並將會讓妳疲憊不堪的工作先擱一旁，多休息，以免病毒趁機入侵，一旦感冒了，妳的身體能量可是會急速下跌喔！

生理不順要小心

有一陣子，「我每個月都不會來」的廣告紅遍大街小巷，對於初潮來臨後、更年期前的女性，除非懷孕，假如每個月都不會來，或者有時來、有時不來，甚至一個月來兩次，不然就是每個月晚十天來、早十天來，都屬於生理不順的一種。

正常的生理周期是二十八天一次，生理不順時等於對女性的健康發出了警訊：妳的身體與精神已經出現不平衡的狀態囉，請及早留意。

妳是否覺得胃痛、頭痛、出現肝斑等症狀，卻怎麼看醫生都治不好嗎？不妨從改善生理下手吧！因為，很多這類問題，都是生理不順所發出的警訊，當生理不順時，病魔很容易向妳身體最弱的地方（器官）伸出魔掌，所以，即使此時僅僅是容易長痘痘、長黑斑等小毛病，都不容忽視！

想洗頭請踩煞車

幾乎每個懷孕的女性都會被長輩告知「坐月子期間不要洗頭」，其實，不只是虛弱的坐月子期，就連生理期，也要三思洗頭所帶來的後遺症。

有沒有發現生理期前或生理期時，妳的頭好像重重的、暈暈的，對什麼都不順眼，而且心情不舒爽的感覺？這種煩惱差不多只要在生理中不要洗頭就能消除的。生理期間，頭皮浸水、毛髮淋濕，都會使血液凝固，原本該要順暢循環的血液，就因此而變得不順，頭部也就會有沈甸甸的感覺。

舉個例說：古時候因子宮的異常而大出血時，這種情況用止血劑或其他止血的方法處理都是無效，只要把髮絲散開將頭浸入冷水使子宮收縮，血就停止了！這是大出血時的一種應急處置方法。

所以，生理期間洗頭，將會使子宮收縮，本應該代謝的血液就淤積於子宮內，子宮裏的血塊代謝不出，就容易導致子宮肌瘤、乳腺腫、臉上長粉刺、肉疣、青春痘、皺紋、皮膚鬆弛……等症狀；還有，血液的淤塊也是生理痛的第一原因，所以無論如何，生理期時絕對要避免洗頭。

或許妳是一位很愛乾淨的美眉，總覺得生理期不洗頭很難受，那麼，不妨在生理期前一、兩天就先洗頭。

假如這個辦法還是讓妳無法忍受頭皮油油、癢癢的感覺，可以試試「酒精清潔法」。

首先，到藥房買消毒藥用酒精。

在飯前、洗澡前或睡覺前取適量酒精隔水溫熱後，以脫脂棉沾溫酒精擦頭皮，並將頭皮屑梳去，如此一來就會覺得非常清爽。

當生理期過了之後，不妨來一次雞蛋洗頭法。

1首先，取一個盆子，盆內放入蛋白、麵粉以及水攪成稀糊狀。（乾性髮

質的人可以再加入蛋黃）

2將上述材料抹在頭髮、頭皮上，並按摩頭皮後，以毛巾包起來。

3半小時後，取下毛巾，將頭髮以清水洗淨即可。

這種雞蛋洗頭法，不僅可以讓頭髮變得柔軟、潔淨，還能讓頭腦清醒、掃除頭皮屑，讓妳成為美髮一族喔！

不要受寒

在生理期時，女性的子宮、卵巢的機能比平日來得活潑，因此要注意不可讓身體受寒。

現代女性大都是上班族，長期處在冷氣空調中，很容易因為空氣不好或者頭上就是冷氣孔而渾身不舒服，尤其是夏天和生理期時，更要留意冷氣問題。

夏天時，大家都想趕快從室外鑽進涼涼的辦公室，此時由於溫差太大，妳的身體機能就很容易出現障礙而生病，許多女性的腰、腹疼痛、手腳冰冷就是這樣來的。

假如生理期時因為吹冷氣或者吃冰涼的而受寒，對於日後的健康將會有很大的影響，不但會腰酸背痛，生理痛也是這樣來的，所以，在生理期時更要懂得保暖，尤其是腰部、腳跟、腳尖以及頭部如果受寒了，連帶也使得血液循環不良，為了自己好，還是戴上帽子、穿好襪子，想辦法別讓自己受寒吧！

此外，平常易感冒的人，也要遵守下列三原則飲食作息。

一・儘量避免吃辛辣、燒烤的東西。

二・早餐以肉類為主，中餐以魚類為主，晚餐以青菜、水果為主，以份量而言，早、午、晚餐的比率為３：２：１。（即晚餐吃的最少）

三・就寢前的三個半小時就將晚餐吃完，並不要吃宵夜。

四・不食用回鍋油料理的食物。

不拿重物

小美是一個職業婦女，每次上超級市場買東西時，總是一次將一個星期的食物都買齊，只要看到她從超市走出來，一定會發現她的手上提著重重的兩大袋東西，小美認為，雖然這兩大袋的重量已經超過她的負荷，但是能夠一次購足，就算兩手因為提重物而酸痛不已，只要休息個十分鐘就好了，所以，下次看到她，她絕對還是雙手各提著一大袋，走沒幾步就停下來一會兒。

小心喔，假如妳跟小美一樣，認為提重物沒什麼大礙，那麼可就錯了——尤其是生理期時，更不能拿重物。

在生理期間提過重的東西，容易使人得到子宮內膜炎和膀胱炎，所以，千萬不要將需要用力的工作安排在生理期間，比如搬家、出國提大行李箱、買一大堆重重的水果、罐頭等，都是生理期該避免的事情。

不過度勞累

生理期時，女性要特別留意血液循環和新陳代謝，以及荷爾蒙的平衡，因此適度的休息是非常必要的，平常喜歡到pub的年輕美眉，在生理期來臨時請乖乖地回家睡美容覺；平日總是熬夜工作、寫企劃案的工作狂OL，也請趁這七天的生理期給自己放個小假，別熬夜耗體力；而習慣每天到健身房的女性們，生理期間也別做太激烈的運動，總之，就是不要讓自己太疲累。

此外，坐或站的姿勢也要特別注意，假如妳的工作是需要站著的（如化妝品專櫃小姐、老師），請每半小時就要稍做休息；假如妳的工作是整天坐著的（如打字小姐），請每隔四十分鐘就要起來走動一下，如此，不禁讓血液循環更好，也能防止體內累積太多脹氣，改善渾身不舒服的現象。

洗澡要有方法

生理期時，洗澡應避免坐浴過久，一方面是防止細菌從陰道口入侵，另一方面也是為了整潔著想。

淋浴，是最適合生理期的洗澡方式，這裡所說的淋浴，可不是只有打開蓮蓬頭或者用水瓢舀水沖一沖身體就好了，而是有撇步的。（見圖）

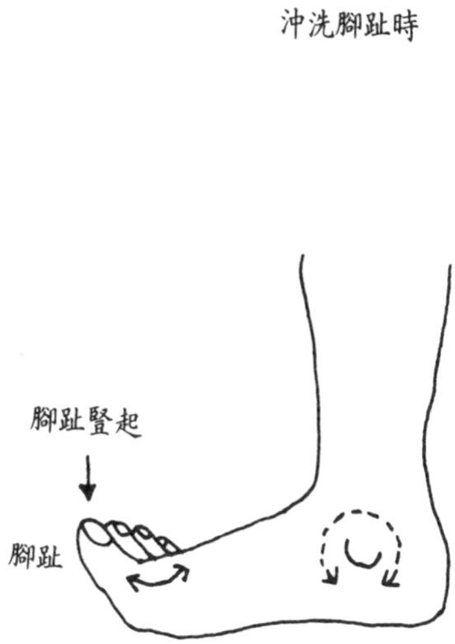

第一步：用熱水沖腳。將腳趾翹起，然後一趾一趾地沖洗。

第二步：將大腿和膝蓋並攏，先用手搓洗後，再以蓮蓬頭和手搓洗腋下，沖洗身上的污垢。

第三步：將大腿和膝蓋並攏，上身微向前傾，用熱水依序沖脖子、肩膀、背後、腰部，讓身體各處都暖和和地。

注意：洗澡後儘快擦乾身體、穿好衣物，洗澡後務必小心不要著涼。

生理期的飲食

廣和莊老師特地為大家精心設計了一套『生理小月子食譜』；為了要促進新陳代謝，加強老廢物排出，炒豬肝、炒豬腰子是很好的配菜，不過要注意按照生理日的順序來吃，很多人看到麻油豬肝，都會皺起眉頭說：「這麼不好吃又便宜的食物，真的有那麼大的效果嗎？」，事實上，豬肝有破血作用，在經期來的最初幾天，假如血塊凝結在體內、排不出來，那麼就很容易經痛，吃豬肝正好能替妳解決經痛的問題，而且一定要以米酒、老薑、麻油下去熱炒才有效，否則就像是買了一部車子卻沒加油一樣，還是沒有用。（當然囉，採用加了『廣和天然配方』，並以高科技技術將米酒水分子團分解成更小分子的「廣和小月子水」來代替米酒料理，效果又更上一層樓！）

也有美眉發出疑問：為什麼要吃糯米的料理？

由於糯米有黏性，可以適當刺激腸胃，讓妳在生理期時不便秘，因此糯米

製成的點心很適合在此時食用。

至於紅豆湯的好處……說真的，想利用生理期減肥的人，最重要的就是要讓妳的新陳代謝功能好，而紅豆有強心利尿的作用，才不會水腫，不然因為新陳代謝不佳，水都囤積在體內，久了以後轉變成脂肪的「水肥」，到時想減肥，就又要多花上一些功夫，倒不如趁生理期來讓體力強健、恢復身材。

生理小月子食譜的原理

一、【麻油豬肝】：破血，將子宮內的血塊打散，以利排出。
二、【生化湯】：活血化瘀，排除經血，收縮子宮。
三、【紅豆湯】：強心利尿，讓體內的廢水從正常管道（排尿）排出。
四、【油飯或糯米粥】：糯米帶有黏性，能適度的刺激腸子，助其恢復蠕動力並能防止內臟下垂。
五、【麻油炒豬腰】：收縮子宮、骨盆腔。
六、【麻油雞】：補充營養、恢復體力。
七、【藥膳湯】：補充營養、恢復活力。
八、【莊老師仕女寶】：調節生理機能、養顏美容。
九、【廣和小月子水】：生理期『小月子』料理湯頭，係『米酒精華露』加上廣和『獨家天配方』特製而成的『小分子』料理高湯，不含酒精成分，請

安心服用。

十、【莊老師胡麻油】：生理期間的婦女需要熱補，但要調整成『溫和的熱補』，莊老師胡麻油採慢火烘焙、且百分之百天然純正，完全符合熱補卻又不致於太過造熱的原則，是生理期料理最佳的食用油。

生理小月子食譜—第一至二天

生理期第一至二天，飲食重點著重於排除體內的廢血、廢水、廢氣及老廢物。

生化湯

生化湯以養血、活血、化瘀為主，於生理期第一、二天每日服用一帖，不僅可以活血補虛，更可以提高抗體力量，對子宮亦有收縮的作用。

材料（一日份）：

當歸（全）八錢、川芎六錢、桃仁（去心）五分、烤老薑五分、炙草（蜜甘草）五分。

做法：

一、「廣和小月子水」700cc，加入藥料，慢火加蓋煮一小時左右，約剩200cc，這是第一次，藥汁倒出、備用。

二、第二次再加入「廣和小月子水」350cc，和第一次煮法相同，約剩100cc。

吃法：

一日內至少分三次，於三餐飯前，每次100cc喝完，亦可放在保溫壺內，當茶喝，一次一口，分數次喝完。

麻油炒豬肝

生理期第一、二天要多吃能化血（將子宮裏的污血溶化）的食物，子宮成為真空狀態，運作自然活潑，生理機能、內分泌、賀爾蒙也就恢復協調；相反的，子宮內的污血如果不能完全溶化，就有可能產生二種情況：

第一種情況是：血塊未完全溶化，在通過子宮頸口時產生阻力而造成生理痛（因子宮頸口非常的細小）。

第二種情況比較嚴重：子宮內殘留大量的血塊無法排出，日積月累就容易變質而產生異狀細胞，如：子宮肌瘤、子宮癌等病變，所以在生理期第一、二天要吃足量的麻油炒豬肝，利用豬肝能

「化血」的特性，加上「麻油」及「小月子水」「活血」的助力，可以有效的將子宮內的污血溶化並排出體外。

※挑選豬肝時，可用手指按壓下去，感覺軟軟厚厚有彈性的即為好吃的粉肝，如果壓下去硬硬乾乾的即為柴肝。

材料（一日份）：

豬肝500-700公克、帶皮老薑40公克、莊老師胡麻油80cc、廣和小月子水600cc。

做法：

一、豬肝洗淨，切成一公分厚度。

二、老薑刷乾淨，連皮一起切成薄片。

三、將麻油倒入鍋內，用大火燒熱。

四、放入老薑，轉小火，爆香至薑片的兩面均皺起來，成褐色，但不焦黑。

五、轉大火，放入豬肝快炒至豬肝變色。

六、加入廣和小月子水煮開，馬上將火關上，趁熱吃。

吃法：

分成二碗，於生理期第一、二天當成早、午餐的主食，可搭配莊老師仙杜康或飯、麵來吃，不敢吃太油膩的人，可將浮在湯上的油撈起另行炒菜、炒飯用。

油飯

糯米帶有黏性，能適度的刺激腸子助其蠕動並能防止內臟下垂，豬肉、香菇、蝦米的美味會滲入糯米，是相當好吃的炒飯，但糯米較難消化，一次不可吃太多，以免脹氣或消化不良。

材料（二日份）：

糯米120公克、去柄香菇12公克、紅蘿蔔12公克、大蒜12公克、五花肉65公克、蝦米12公克、帶皮老薑適量、莊老師胡麻油適量、廣和小月子水400cc。

做法：

一、糯米洗過後，置於濾水盆，濾乾水分。

二、將洗過的糯米加入冷的廣和小月子水中泡八小時後瀝乾，泡過的水要另外置於容器內留下備用，不能倒掉，廣和小月子水須蓋過糯米。

三、將去柄的香菇和蝦米泡進(二)中留下的泡水，泡軟後香菇切成粗絲。

四、帶皮老薑與五花肉及紅蘿蔔均切成粗絲。

五、鍋子加熱後放入四大匙莊老師胡麻油，將帶皮的老薑絲和大蒜片下鍋炒成淺褐色具香味。

六、加入蝦米、香菇、五花肉及紅蘿蔔，炒至香味出來即取出。

七、鍋內重新加熱，放入三大匙莊老師胡麻油使熱，糯米下鍋炒至有黏性時，再加入(六)中的材料一起炒。

八、將炒好的材料裝入蒸鍋內，並加入泡過蝦米及香菇的廣和小月子水，份量須蓋過所有材料。

九、放入蒸籠（或電鍋）內，蒸熟即可食用。

吃法：

油飯每日吃一至二碗，可當成下午的點心。

紅豆湯

紅豆有強心利尿之效，可於生理期第一、二日每日食用一碗。

材料（二日份）：

紅豆130公克、黑糖100公克、廣和小月子水1000cc。

做法：

一、將紅豆放入廣和小月子水中，加蓋泡八小時。

二、大火煮滾後轉中火繼續煮二十分鐘

（須加蓋）。

三、熄火，加入黑糖攪拌後即可食用。

吃法：

每日一碗，當做晚餐飯後的點心，甜度可隨個人的口味來增減，但若能接受的話，最好再稍甜一些較好。

魚湯

在飲食的調配上，可吃適量的魚類來補充養分。

材料（一日份）：

魚適量，約120公克、帶皮老薑15公克、莊老師胡麻油60cc、廣和小月子水500cc。

做法：

一、將魚洗淨，老薑刷乾淨，連皮一起切成薄片。

二、麻油倒入鍋內，用大火燒。

三、放入老薑，轉小火，爆香至薑片的兩面均皺起來，成褐色，但不焦黑。

四、轉大火，加入魚及廣和小月子水煮開，轉小火，加蓋，再煮五分鐘後熄火，即可食。

吃法：

每日一碗，當成晚餐的主食，可搭配「莊老師仙杜康」或飯、麵來吃。

莊老師仕女寶

「莊老師仕女寶」是專為生理期的婦女設計雙效合一的天然養生保健食品，內含婦寶十五包及養要康十五包，為生理期五日量，為了方便上班族的女性使用，特別將內包裝設計為長條狀以方便攜帶及服用，可以調節生理機能及養顏美容，是生理期女性必備的天然養生食品。

A【莊老師婦寶】：以特殊栽培、細心管理的薏苡種實為主要原料，配合高品質的珍珠粉、米胚芽萃取物（谷維素；r-Oryzanol）、大豆萃取物（大豆異黃酮；Isoflavone）、小麥胚芽粉末（維生素E）以及蛋殼萃取物、特級山楂、精選山藥、薑……等精心製造的天然食品，並特別添加琉

璃苣油粉末（Borage），一般人適用，尤其推薦有生理痛、生理不順的婦女，於生理期間服用。

B **【莊老師養要康】**：以杜仲為主要原料，配合高品質的白鶴靈芝、天然甲殼素、鯊魚軟骨粉末…等精心製造的天然食品，一般人適用，尤其推薦生理期的婦女與常感腰酸者使用。

好朋友來的第一天開始就要吃「仕女寶」，要吃足五天，「仕女寶」一盒計有三十包，一天六包，正好是五天的份量。

「仕女寶」的食用方法：

於生理期間第一天起，連續五天，每日三次，於三餐飯後先服用婦寶一包，約三—五分鐘後，再服用養要康一包，可加入100cc的熱開水中攪拌均勻、或直接放入口中咀嚼服用。

生理小月子食譜—第三至四天

生理期第三至四天，飲食重點著重於收縮子宮、骨盆腔。

麻油炒豬腰

生理期第三至四天，要吃麻油豬腰，把豬腰用麻油、老薑及廣和小月子水來煮，有助於婦女的新陳代謝以及促進收縮骨盆腔與收縮子宮之作用。

材料（一日份）：

豬腰子一副（即二個豬腰）、帶皮老薑40公克、莊老師胡麻油80cc、廣和小月子水600cc。

做法：

一、豬腰子洗淨後切開成兩半，把裡面的白色尿腺剔出。

二、將清理乾淨的豬腰子在表面斜切數條裂紋後，切成三公分寬的小片。

三、老薑刷乾淨，連皮一起切成薄片。

四、將麻油倒入鍋內，用大火燒熱。

五、放入老薑，轉小火，爆香至薑片的兩面均皺起來，成褐色，但不焦黑。

六、轉大火，放入豬腰片快炒至變色。

七、加入廣和小月子水煮開，馬上將火關上，趁熱吃。

吃法：

分成二碗，於生理期第三、四天當成

早、午餐的主食，可搭配莊老師仙杜康或飯、麵來吃，不敢吃太油膩的人，可將浮在湯上的油撈起另行炒菜、炒飯用。

甜糯米粥

為了調整腸子蠕動的功能，可於生理期間多吃些以糯米調理的食物，除了油飯之外，甜糯米粥也是不錯的選擇！

材料（三日份）：

糯米75公克、福圓肉45公克、黑糖100公克、廣和小月子水1000cc。

做法：

一、將糯米與福圓肉放入廣和小月子水中，加蓋泡八小時。

二、將已泡過的材料，以大火煮滾後改以小火加蓋煮一小時。

三、熄火，加入黑糖攪拌後即可食用。

吃法：

每日一碗，可當成每日午餐飯後的甜點。

油飯

做法及吃法同第一至二天。

魚湯

做法及吃法同第一至二天。

藥膳

生理期間的婦女多半有氣、血兩虛的現象，到了生理期第三至四天，應該適時的補充一些補血、補氣、補筋骨的中藥膳，但要注意，不可使用藥性過強的藥膳，以免造成「虛不受補」的現象而產生反效用。

莊老師仕女寶

吃法同第一至二天。

生理小月子食譜——第五至七天

生理期第五至七天，飲食重點著重於補充營養、恢復體力。

麻油雞

經過第一、二天的「排泄」及第三、四天的「收縮」後，第五天起可開始吃培養體力、補充營養最佳的調養品——「麻油雞」。

材料（一日份）：

雞肉約半隻、帶皮老薑50公克、莊老師胡麻油100cc、廣和小月子水800cc。

做法：

一、雞肉洗淨，切成塊狀。

二、老薑刷乾淨，連皮一起切成薄片。

三、將麻油倒入鍋內，用大火燒熱。

四、放入老薑，轉小火，爆香至薑片的兩面均皺起來，成褐色，但不焦黑。

五、轉大火，將切塊的雞肉放入鍋中炒，直到雞肉約七分熟。

六、將已備好的「廣和小月子水」由鍋的四周往中間淋，全部倒入後，蓋鍋煮，滾後即轉為小火，再煮上15-20分鐘即可。

吃法：

分成二碗，於生理期第五天起當成早、午餐的主食，可搭配莊老師仙杜康或飯、麵來吃，不敢吃太油膩的人，可將浮在湯上的油撈起另行炒菜、炒飯用。

甜糯米粥

做法及吃法同第三至四天。

油飯

做法及吃法同第一至二天。

魚湯

做法及吃法同第一至二天。

藥膳

做法及吃法同第三至四天。

莊老師仕女寶

吃法同第一至二天。

生理小月子食譜一覽表

第一～二天：排除體內的廢血、廢水、廢氣及老廢物

一、生化湯：一碗
二、麻油炒豬肝：二碗
三、油飯：二碗
四、紅豆湯：一碗
五、魚湯：一碗
六、莊老師仕女寶-婦　寶（生理期專用）：每餐飯後食用一包，一日三包
七、莊老師仕女寶-養要康（生理期專用）：每餐飯後食用一包，一日三包

第三~四天：收縮子宮、骨盆腔

一、麻油炒豬腰：二碗

二、甜糯米粥：一碗

三、油飯：一碗

四、魚湯：一碗

五、藥膳（湯）：一碗

六、莊老師仕女寶-婦 寶（生理期專用）：每餐飯後食用一包，一日三包

七、莊老師仕女寶-養要康（生理期專用）：每餐飯後食用一包，一日三包

第五~七天：補充營養、恢復體力

一、麻油雞：二碗

二、甜糯米粥：一碗
三、油飯：一碗
四、魚湯：一碗
五、藥膳（湯）：一碗
六、莊老師仕女寶-婦 寶（生理期專用）：每餐飯後食用一包，一日三包
七、莊老師仕女寶-養要康（生理期專用）：每餐飯後食用一包，一日三包

廣和仕女餐外送服務

◎ 服務方法與價格

一、方法：完全依照廣和莊老師的方式並按前述之「生理期小月子食譜」內容料理，於生理期間每天配送一次，連續五日，早上九點前送達，全年無休。

二、價格：原價8,000元（餐費每日1,200元；莊老師仕女寶每盒2,000元），仕女五日餐優惠價6,600元（含運費、材料費、工本費及莊老師仕女寶一盒），一次訂購六期（30天）特惠價36,000元（再省3,600元！），本訂價全省統一不二價。

◎ **料理方式**

一、全程使用『廣和小月子水』料理。

二、麻油使用慢火烘焙的「莊老師胡麻油」。

三、一律使用老薑爆透（爆至兩面均皺，但不可爆焦）料理。

第五篇　與好朋友共渡健康的一天

先天的體型決定於受孕時父母的狀態和天候等因素，其中包括：當時雙親的精神狀態、健康狀態、受孕時間、受孕後母體的精神狀況和飲食生活是否正確等；但出生後，餵母奶或餵牛奶，嬰兒的性格也會有所改變，這是屬於後天的。

體型、症狀都是可以改善的

通常我們都是絕對的相信所謂的「先天性」，認為「與生俱來的有什麼辦法呢？」於是把疾病、性格、體型、症狀等都認為是先天性的，是很難去改變的，這是相當錯誤的一種相法。

事實上只要「後天性」的生活能正確，就能克服「先天性」的缺點；於是，只要遵守正確的生活、正規的飲食，正常的體型就會出現，如此就不會有罹患疾病之虞，要是先天性不好，生活方式又不改善，那麼有病是極其自然的事。

所有的疾病大都是「後天性」的，例如以體型來說，雙親都屬肥胖者，孩子也容易肥胖，這是常有的事，於是就洩氣地認為這是遺傳，不求改善原來錯誤的生活方式，自然孩子也就是道地的胖子了。這是沒有糾正錯誤的飲食生活所導致的結果！

有正常的生活及飲食方式，就不會有胖子的出現，影響體型的有食物、運動和心理等因素，如果能綜合考慮這些因素就可以達到正常的目標。所以，只要有正確的生活及飲食方式，就可以改善所有因先天或後天所造成的不良症狀和體型！而生理期，正是女性改變體質的最好時機，以下就將仔細地告訴每一個女性好朋友來時如何正確的生活，由早，到晚，希望從此以後，妳對自己的身體狀況有一個全新的期許！

早：把握一天的開始

清晨，是女性最為緊張的一個時刻，妳要化妝、煮飯、整理家務，做媽媽的還要送孩子、先生出門，真是夠忙的了！

但，任誰都難免有懶惰的時候，多睡一分鐘也好！鬧鐘響了還是想在被窩暖一下下；雖說早上是最慌忙的時候，卻還是懶得起床！其實熟睡是不可能的，何不精神抖擻的起床呢？蘑菇了半天還起不來，會把整天的氣氛都弄壞的。

醒來就一鼓做氣的起床，用這樣一片冰心，迎接爽朗的一天，豈不是能讓自己更得心應手嗎？有次序的清晨總是理想的，下例的順序妳以為如何？張開雙眼↓量體溫↓做預防感冒呼吸法↓起床↓上洗手間通便↓開窗整理家務↓預備早點（請在前一晚花三十分鐘的時間先將早餐的內容打點好，以減低隔日的忙碌狀況）↓洗臉↓換衣服↓散步、做簡易伸展體操↓沖澡↓擦乾身體↓平躺五至十分鐘↓喝半杯室溫啤酒↓吃早餐↓看新聞↓看當日的工作行程表，一旦有了以上的各項準備，即便遇到再困難的問題也能迎刃而解。

消除便秘的正確排便法

為什麼女性大多有便秘現象呢？早上太繁忙以致延誤去洗手間，甚至專心於收拾連排泄的來意都忘掉了，如此自然就造成了早上不排泄的習慣。排泄是重要的課題，體內的廢物沒有排除，新的能量就無法在體內產生。一天的生活要有節奏，身體同樣的要有律動，請每天在同一時間悠哉的準備排泄。

來，姿勢坐好，拇指在掌中心緊握著拳頭，閉著眼睛，肛門先要縮緊，腹部用力，待排泄物移至肛門口時，才放鬆肛門使其完全排泄，即使花上二、三分鐘也要寧靜的度過。

有便秘的人開始做這種練習，不會一次就順利辦到，但練習一週之後，身

體的律動就逐漸甦醒，排泄順利是可期的；但是有禁忌：廁內不可以看報紙或雜誌，而影響專心如廁的情緒。

清晨散步一本萬利！

清晨，萬物甦醒，大自然的景象正是煥發時刻，此時的散步真是一本萬利，好處有多多。

假使妳真的渴望健康，清晨時請走出戶外，空中的空氣是那麼新鮮，遠山近樹更是翠綠一片，生氣就在那兒，在大地甦醒的剎那，活動我們的身體，即便只是二十分鐘，也可以讓妳的細胞充滿能量！

肉體的睏倦可以從睡眠或是完全的休息中恢復，頭部的昏沈、精神的疲勞，卻只有在身體的活動中，才能獲得恢復。

頭腦不清楚，常為一件事情而放不下心，或煩悶不離身的人，請利用清晨時間去散步吧！接觸大自然，一切就會寧靜和平的。繁忙的工作者，不時須要新鮮感覺的人，散步的效果，也是驚人的。

人的力量是有限的，無論辦事能力多強的人，如果沒有充實的體力與氣力，也就沒有辦法充分的利用時間。若常常不能集中精神，又感覺昏沈、容易疲倦，能力的發揮也只能達三分之一；人的精力可藉由與大自然親近而得到無限的補給，於是在太陽東昇時起床，對陽光充滿深深的謝意，就可以得到無限力量的賜予。

有沈重工作、重要任務的人、希望一生中都健康的人，請養成散步的習慣，家裏成員中的一人如果開始散步，自然就會影響全體，所以，妳是否已經下定決心，從今天就開始清晨的散步呢？

簡易伸展運動

簡易伸展運動有拉開筋骨、伸展肌肉、消除疲勞……等功效，每天只需花

費三到五分鐘的時間，而且不需要特別的場地，在家裡也能做，早上有施行戶外散步的人，選擇在一片大草地上來做，效果更好。

一、脱掉鞋、襪，雙腳並攏，膝蓋挺直，大腿內側用力，提肛，縮小腹，挺胸，鬆肩，舌頂上顎，緊閉雙唇，咬緊牙根。

二、右腳向前踏出一步，左腳踮立、點地，重心往前，腰不動。

三、雙手虎口打開向前用力合掌伸直，比肩高四十五度，抬頭。

四、手臂向左右伸直張開成V字型，由下往上，由前向後用力往後擺振八次後回復立正姿勢，換腳重做，重心改放左腳。

五、與上同動作，但是雙手手心向下及外各伸直後張開成V字型同法擺振各八次。

六、一手平舉高於肩膀四十五度，並略後伸，頭盡量右轉而眼睛向指尖看，另一手繞向後背，上半身略後仰，用指尖由肩胛骨內側按摩而下，左右各八次。

七、用雙指尖由上順頸部、脊椎至尾椎骨部，按摩而下，左右手各按摩八次。

八、大拇指與四指間的虎口要用力打開，由腋下揉壓幾下，再由腋下壓按到腰部，左右各八次。

早餐要吃的好

早餐應吃肉、內臟、蛋和豆類，而且多吃一點也沒有關係，要養成早餐豐富、午餐適當、晚餐簡單的習慣。

吃早餐時，心情要高興，請慢慢地咬，細細地吞，早餐是一天活力的來源，應是優先考慮的一點。不想吃早餐就是還不餓，這表示前夜的點心吃得太多了，或是腹內脹氣未完全消除的結果。

正確咀嚼的方法

吃飯的時候，重要的是心要想這餐飯實在太好吃了；如果沒「好吃、太好吃」的反應刺激，腦部就無法產生對唾液腺的刺激，沒有唾液，就消化不良了；一開始就要使用眼睛和鼻子來體會好吃的感覺，這是為了唾液的原故。

正確的咀嚼：一定要緊閉著嘴唇，伸直人中（鼻與唇之間），用內齒左右互換的充分地咬，以手指摸摸看耳下腺是否有動搖即可知道。咬食物時候，唾液的分泌使消化器官有暢旺的活動力，促進胃液的分泌，而膽汁的分泌平衡，消化力自然順利。好好的咬東西、正確的慢慢吞食，人就會變得漂亮明麗。這樣說也許妳會不以為然，事實證明只要好好的咬食物，左右雙頰會均勻，眼睛附近的腮腺部分會平滑，肌膚會亮麗，膚色也會充滿活力；要真正達到「健康」的基礎，就是由好好的咀嚼食物而來的。

食不語

古諺說：「食不語，寢不言。」

吃飯時不要講話，為什麼？有很多人一定認為：吃飯時快樂的聊天一定很有意思，可是一邊講話一邊吃，空氣與食物一起混入胃中，便是產生脹氣的原因之一。本來津津有味的食物，卻由於講話把脹氣帶入胃中，豈不是太遺憾了嗎？而且如果是邊講話邊吃飯就不可能好好的咀嚼食物，若因而產生消化不良的現象就更得不償失了！

悠閒看報

早餐後的十至十五分鐘，悠閒的看報是很需要的，電視的新聞報導也可以，只要心情放鬆。

若有多餘的時間，就無力地靠在沙發內或長時間的看電視將會出現反效果。吃下去的食物應完全消化之後，再懷著愉快的心情去上班、上學，如此一整天就能精神奕奕地吸收知識，工作能力就更旺盛。

午：中餐以前就疲倦了嗎？

早餐吃得很好，也吃得很飽，可是到了中午十一點左右，就有點不自在，工作的效率也低落，要是如此就表示疲倦來了，而且來得太早了。

在這個時候先吃中飯，對身體不太好，吃中飯以前，總是要有五至十分鐘來放鬆自己。上午工作已經使腦神經緊張了，若沒有消除緊張、放鬆神經就吃飯，胃的活動力就不活潑，於是食物就不可能充分的消化，脹氣就容易產生。

也有特別在吃飯以前要休息的體型，那就是所謂的「上腹突出體型」的人，像這種體型的人，總是感覺不自在、很焦急、吃飯的速度很快、食量很多，慌忙的把食物放入胃中，因此胃中的脹氣加上慌忙地送下食物的空氣混合，再加上不完全燃燒的脹氣，那就變成大脹氣，而造成打嗝！當然胃會隨之擴張，這樣的習慣一再循環，結果也許是「潰瘍」在等著妳呢！

相反的，飯後非休息不可的人，是所謂的「下腹突出體型」的人，這種體型的人是由於運動不足導致小腸的蠕動力遲緩，腸管容易產生脹氣，因此在飯後要等腸管恢復正常活動，所以必需悠哉的休息。

當然無論是誰，飯前、飯後都有休息的必要，但是大致上來講，會打嗝的人、胃擴張的人需要飯前休息；肚子脹氣有胃酸的人是飯後休息；要弄清楚自己的身體狀態，才能提出最好的自我健康診斷的對策。

飯前消除疲勞的指壓與按摩

飯前想把緊張、疲勞消除的放鬆的方法，最簡單、最有效的就是是耳朵的按摩；另外，頭部、手部及腳部的按摩，也都有不錯的效果。

耳朵的指壓

一、依著耳垂(A)、耳上側(B)、中央邊緣部份(C)的順序，用拇指、食指、中指來壓、揉、拉，並分別用力拉倒到耳穴前。

二、其次，再把耳根部分用中指與食指夾住耳朵按摩，從下面開始向上，將耳朵的外圍完全按摩。

三、用手掌緊壓耳朵，要壓到完全聽不到外面的聲音為止，並前後各轉六次用力摩擦。這時，若有疼痛的地方，可一直指壓到疼痛消除時為止。

四、充分呼氣之後，閉嘴充分吸氣，用嘴呼氣的同時，手立即放開耳朵。

頭部的指壓

一、臀部緊靠倚背，挺胸，上身往後傾。

二、用左、右兩手大拇指壓在耳後髮際處，中指與食指按在太陽穴，請閉上雙眼、緊閉雙唇、頭抬高、雙臂張開，用力指壓。

手部的指壓

一、右手的拇指和食指，用力指壓左手的虎口；接著再用拇指和其餘四指指壓手掌心，要用力；反之，左手也用同樣的方法，按摩、指壓右手。

二、用右手手指由左手手腕關節上三指處，順勢按摩下來至指尖處，並指壓一下指尖，手指要用力；左手對右手的按摩亦然，左、右各做十二次。

腳部的按摩

常用手按摩腳部頸處和腳心，對神經的恢復有宏效；容易疲勞的人不妨多做此項簡單的運動。

由頭到腳做適當的按摩，可以刺激末稍神經，有助於思考，更可以澈底消除疲勞、恢復正常的工作能力。

疲勞所造成的五種傷害

一般我們所指的疲勞，有精神上的緊張和肉體上的疲勞之分，在漢方中也有所謂的五勞：

久行傷筋勞肝

久視傷血勞心

久坐傷肉勞脾

久臥傷氣勞肺

久立傷骨勞腎

也就是指：疲勞有五種原因，這五種原因是為久視、久臥、久坐、久立和久行！

久視傷血勞心，是指精神緊張會引起血液循環的障礙，對心臟有害；而原本小腸、心臟即為表裏關係，於是久視不但影響心臟，也會引起消化系統上的毛病，這些狀況醫書中早有詳細的記載。

久臥傷氣勞肺，是指人一旦睡太多，就沒有了精神，肺部就會變得虛弱，甚至大腸的蠕動也因而遲緩；長時間的坐著，除了造成運動神經的遲緩外，也會引起新陳代謝方面的障礙，對脾臟十分不利；另外，長久步行，對腎臟、肝臟沒有好處。

換句話說：維持一種身體姿態太久，就一定會導致五臟的疲勞，唯有在疲勞尚未來臨之前，就先變化動作、改變氣氛，才是消除五勞的對策。

對於五勞的消除，這裡有一個食方很有趣而且效果不錯。豆類有各種顏色，而每種顏色都有其特色，如：

綠色的綠豆對肝臟好。

紅色的紅豆對心臟好。

黃色的黃豆對脾臟好。

白色的白豆對肺臟和腸胃好。

黑色的黑豆對腎臟好。

一般說來，人的五臟六腑與食物的顏色、味道有著密切的關係，能辨別五

種顏色與味道是如何關係著五臟，而且可以掌握自己的體型和症狀，就可以做出健康的料理和擁有健康的身體。

肝臟——綠、酸（綠豆或青菜加些酸，對肝臟就有益處。）

心臟——紅、苦（紅色可強化心臟，苦味能消炎。）

脾臟——黃、甜（大豆等黃顏色的豆類或黃色蔬菜，煮成甜的，可以強化脾臟。）

肺臟——白、辛辣（白豆、蘿蔔、白菜等食物對呼吸器官很好，辣味則可以刺激肺臟的活絡。）

腎臟——黑、鹹（黑豆或黑色的海藻，下少許鹽可幫助腎臟的活絡。）

以上若能有效利用，當有助於五勞的解除。

不會導致疲勞的三段式坐姿

腰背打直、收小腹的坐姿，不是一件困難的事；然而，我們卻常常看到很多的人坐著的時候是：下腹凸出、彎腰駝背或懶懶散散的；以下的三段式坐姿，很簡單、效果很好，對有以下症狀的人效果更好：

- 肩、腰背、腰部容易酸痛的人
- 呼吸不順暢的人
- 心臟衰弱的人
- 容易感冒的人
- 腸胃擴張的人
- 腰圍突出的人
- 下腹突出的人
- 神經不安定型的人
- 紅光滿面、駝背體型的人

・上班族、學生和長時間坐著的人

・脾氣焦躁的人

三段式坐姿

坐墊後面稍微加高，前低後高的把坐墊分為三段，然後用繩子綁緊固定在椅子上面，臀部坐在高處，脊椎伸直、緊縮腹部、肛門也要緊縮，足部（指間、足底、腳跟）用力的平放在地上，這樣坐會出現明顯的效果。

晚：今天的疲勞今天消除

遵守3：2：1的飲食原則，晚餐要少吃

通常，我們都在晚間才有豐富的菜餚可吃，早上吃得簡單或不吃，中午就吃昨晚的剩菜剩飯！這是一個不好的習慣，一定要改過來，將最豐盛的菜拿到早上吃，中餐次之，晚餐一定要少，以比例上來分配的話，則為早3：中2：晚1。

尤其是睡不好、無法熟睡的人、說夢話的人，問題都出在晚餐之上；這樣的人要吃容易消化的食物，譬如雞肉、魚、青菜等，這些食物可以在晚上吃，油膩的東西或難消化的肉類要在早餐吃。以普通的營養學觀點來看，這個問題解決的方法是：在晚餐中，不吃會長時間滯留胃內的食物，也就是指吃容易消化的食物。

清心浴——徹底消除疲勞的入浴法

各位讀者對「洗澡」的問題，應有一個正確的觀點：洗澡算是一種全身的運動，肚子太餓時和剛吃飽時最好不要洗澡。應先喝一杯果汁，稍微休息再入浴；酒後入浴一定要避免的，尤其是高血壓的人，有腦出血的危險，所以飲酒後就不要洗澡。

腳的體操

入浴前先做腳的體操，這是消除疲勞的方法之一；這也是腳跟到腳尖的運動想要小腿變細，這個運動很有效果。小腿的均衡、調和，都是美的一部分，為了保護小腿的美，請來做這個腳的體操吧！

①仰臥、兩腳伸直。

②腳跟靠攏，腳尖展開、合攏的運動重複數次。

③姿勢如前，兩腳的腳底合掌。

④從外側轉兩三次，再由內側轉兩、三次。

⑤腳尖靠攏，腳跟抬高，這也是腹部運動。

腳部運動完畢後，站起來做脖子的運動，將脖子左右轉二、三次。

入浴之前，全身淋水前，用蓮蓬頭先沖小腿，疲勞就消除得快，沒有蓮蓬頭就請用臉盆盛水沖小腿。

清心浴

好朋友來時，可施行清心浴，對於消除生理期間的疲勞相當有效果。

①先浸熱水到膝蓋部五分鐘。

②再浸水至臍部二分鐘。

③最後才可以全身入浴，一分鐘即可。

這叫做清心浴或叫三段式入浴法。

最初的五分鐘，請在背部蓋上浴巾，並且用一腳的腳跟按摩刺激另一腳的腳跟、腳指或腳底，兩腳交替的做，然後按摩頭、眼及耳朵，徹底的消除疲勞。等到臍部下的二分鐘時，身體已經相當暖和了。

生理量大的時候，可以將第二、三段改成以熱水淋浴的方式，並要特別注意不要受涼。

如何洗腳

洗腳丫的時候，腳趾之間，要邊按摩邊洗，還有平常沒有注意的地方，腳掌的凹處也要邊指壓邊洗，腳之所以要好好的洗，是要刺激末梢神經使之消除疲勞，也有預防香港腳的功效，是一石二鳥的有效舉動。

溫水好還是熱水好

身體疲勞的時候洗熱一點的水，神經疲勞的時候洗溫水比較好，平均入浴的時間是十至十五分鐘左右，太久了反而會造成入浴疲勞的反效果。

浴中唱唱歌吧

浴中唱歌能轉換氣氛，對健康是有好的影響。假使唱得不好，變得有些「吵」時，只要自己的感覺很好，那也未必是一件壞事；暫時聽聽不像歌的歌，也是一件樂趣。

入浴的次數

能每天洗澡當然最好，心身都爽爽朗朗的；內衣清潔，也可以幫助促進皮膚的新陳代謝；血液循環好，也有美容的效果；主婦或在家工作的自由業，有較充足的時間，一天洗兩次，或是早上沖水，晚上入浴都很好。

但是，非常瘦、發燒、因拉肚子而厭倦或有其他衰弱現象的人，醫師吩咐禁止入浴的，就應避免入浴；洗澡也要看身體狀況而安定。

洗好澡，要擦乾身體時，也請邊擦邊按摩吧！這樣做自律神經會安定，過

敏性體質的人、易患感冒的人也會因而增加抵抗力。

十二點以前就寢讓妳更美麗！

就寢時間最好是在十二點以前，十一點半就寢與十二點半就寢不是只有「一小時的睡眠的差別」而已！

大自然有陰陽之分；天剛拂曉之際，萬物充滿著芳香和美景，此刻人就該甦醒，並滿足於昨晚的熟睡的喜悅，迎向新的一天。午夜十二點是一天的分歧點，這個時候睡著比較好，最遲也不要過十二點半上床，大自然已掩蓋上黑暗的簾幕在睡覺了，人也該休息了。

倘若在十一點就寢，三個小時之前—也就是八點左右，胃中的食物就應該完全消化，這是熟睡的第一要件。早睡早起的好處很多，但最令女性心動的應該是「美」的緣故！愛美的人千萬不可過了十二點才睡覺，養成十二點以前睡覺的習慣，會讓妳出落得更加動人。

失眠也不要用藥

相信一定有不少這樣的人：「啊！今夜又失眠了。」卻又不知道如何是好。尤其是當好朋友來臨時，因內分泌的影響，失眠的狀況更為嚴重。

其實，既然睡不著，不妨起來散散步或看看書，總要將氣氛轉換一下。想靠自己的努力從失眠的恐懼中脫離，心理要存著：「沒關係，想睡時再睡！」的想法，若想想「失眠的時刻，正是我養成好實力的時候！」這樣的失眠也是一件好事。

也有人只睡兩小時就睡足了，千萬不要藉藥物來麻醉自己而進入夢鄉，安眠藥、鎮定劑、神經安定劑等，都不能使用，一但落入藥的陷阱，用量越來越多的時候，副作用就產生了，如：便秘、脹氣與精力衰退……等。

有習慣性失眠的人，也許應考慮改掉宵夜的習慣，或許從此就不再失眠了！

睡前消除疲勞的體操

睡前散步也是改善失眠的方法，但夜間散步女性不免害怕，而冬夜散步又太過寒冷，為了能睡好覺，在床上或房間做做體操倒不失為一個好方法。介紹一種能將神經放鬆、使之能熟睡、對失眠症很好的宇宙操：

一、手執宇宙巾的兩側，雙手舉高伸直，挺直身體，用足的外側站立。

二、改以足的內側站立，膝蓋彎曲，身體向後彎。

三、最後用腳尖站立，慢慢地彎曲膝蓋，臀部碰到腳跟後做一深呼吸，再漸漸站立，如此反覆的做幾次。

給永遠也睡不飽的人

低血壓的人一般說來，在清晨體力比較不夠，常會聽見低血壓的人說：「我還要睡！」

其實，無論是「低血壓」、「高血壓」，有人喜愛把自己的症狀當做藉口，以為睡不夠是當然的，那真是大錯特錯！而且，大多數人把血壓當做是健康的指南，那是錯誤的。在手臂綁著橡皮帶來量血壓，就可以知道全身的健康狀態嗎？要檢查全身的各器官，也要知道各器官的血液成份和狀態才算正確！這個道理很簡單，譬如量一次血壓後，腳部按摩後再量一次血壓，大都又低下來了。所以，不應該太依賴機器，而是應該努力於症狀的改善，如果是低血壓就要努力來治療血壓；怎樣睡也睡不夠的人，究竟那裏有問題，也應該查一查。

若身體有某部位發生異狀，就應盡早發現、治療，若沒有特別異常之處，身體卻感覺不舒服，那麼它的第一原因是在吃的方法，也許營養過剩或是營養缺

乏。

營養過剩的時候，多餘的營養變作脂肪積存體內，是肥胖的主因，也會因而引起心臟肥大等症狀，變成對工作感覺厭惡，一但不想工作的時候，就全想的吃的事情，這樣的惡性循環，無論白天、晚上，胃都感覺重重的，心臟也受到壓迫，睡也睡不穩！

營養缺乏的時候，會認為自己還沒有睡足，於是又睡過頭，因此氣力越是減退，內臟、尤其是消化器官的機能就更減退了。這是營養的吸收不順利，越是陷入無力的感覺，就變成長時間睡覺的習慣了。

營養上若沒問題，在感情上疲勞也是因素之一。與吃東西沒有節制一樣，感情有不滿，在不安與悲傷的時候，就吃不下東西或是用睡逃避現實；因此越是感覺疲勞，而失去積極的個性，無論何時都在無力之中。

最主要的是，自己要努力奮發以轉換氣份。早上要早起，白天要活動身體來工作才好，家人若發覺她的感情受挫，就該以快樂的話題、爽朗的氣份、愛心的關懷來幫助她渡過難關。

怎樣睡也睡不夠的人，應該知道，與飲食一樣，佔了人生一大部分的睡眠也要有節度，太多太少都不是正常現象。

總之，每個女性都應了解自己的生理狀況，珍惜每次好朋友光臨的時機，做好身、心健康的管理，才能擁有健康、快樂的美麗人生！

附錄

內臟下垂體型體質改善法

一、日常生活

1 綁「腹帶」（將內臟「托」回原位、並「保溫」腹部）。

2 力行「飯前按摩」（參考防癌宇宙操VCD）。

3 用「三段式入浴法」洗澡。

4 注意「足部」保暖。

5 每天做「宇宙操」（參考防癌宇宙操VCD）

二、飲食生活

1 宜採取「少量多次」的方式來「進食」、「飲水」。

2 「忌食」酸性、生冷、寒性、及「水份多」的食物；「多攝取」刺激性的、脂肪多的魚、肉類和甜的東西。

3 「水份」須嚴格控制：

A 一日攝取水的份量—體重每一公斤一日只能攝取十五西西的水份。（注意：此份量包括喝湯、飲料、果汁、炒菜的湯汁、以及吃水果時所攝取的水份在內）

B 每一次喝水的份量—每次喝水，以一百西西為限。

C 喝水的方式及時間—應以小口、小口的方式慢慢的喝，且每次攝取水份，須間隔四十分鐘以上。

三、莊老師「仙杜康」及「仕女寶」體質改善法

1 仙杜康：以仙杜康當做主食或當飯吃，每日食用三至六包至少連續食用三個月，並配合做生活上的改善，以期能夠完全的改善的體質。

2 利用「仙杜康」施行「消除便秘方」來改善因「腸子無力」而引起的便秘。

3 每月生理期開始的第一天連續服用「仕女寶」五日，並以正確的生活方式來渡過生理日，以期有效的來調節內分泌及賀爾蒙。

四、應避免事項

1 不提重物。

2 禁止「暴飲暴食」。

3 避免「長時間站立」。

4 不吃宵夜。

5 不站著吃東西或喝水。

鼻子過敏、扁桃炎、氣喘等上呼吸器官弱者之對策

A、飲食改善

1 嚴禁飲用「陰陽水」。

2 不可「吃飽睡」。

3 要均衡飲食不可偏食。
方法：將各種蔬菜、魚類、肉類、蛋類切碎，混於米飯中，做成「菜飯」，但蔬菜要是其他食物的二倍；正餐以外禁止零食。

4 要「單味飲食」，甜、鹹不要混合吃，避免吃醬油滷的食物。

5 不吃竹筍、金針等食物。

6 烤焦的食物（如烤麵包、烤魚、烤肉）、辛辣刺激類、含防腐劑（如肉鬆、香腸、漢堡）的食物均不可吃。

B、生活及運動改善法

1 做宇宙操：一定要去戶外，接受大自然給我們的無限力量，走路要按正確的方法；抬頭挺胸，縮小腹，大腿內側用力，走一直線，手貼臀部，用力向後擺振，自然往前（前三後四），每天早晨利用三〇～四〇分鐘，至戶外散步，可赤腳踩草地，樹根，並做宇宙操（可參考VCD）。

2 合掌法：每日早晨一醒來，尚未活動前，須先做合掌法。

3 肩胛骨按摩：每晚睡前須做肩胛骨按摩，徹底將肩胛骨兩側、脊椎骨兩側以及腋下淋巴腺的疲勞消除後，才可睡覺。

4 米酒浸足：可於睡前用米酒、薑汁浸足，將全身氣血打通，並將疲勞消除除（第一個月請連續做十天，第二個月以後，每個月連續泡五

天，請持續一年）。

C、保健食品的吃法

1 「莊老師喜寶」用以強化上呼吸器官抵抗力。（一日量）每日3粒，於三餐飯前各服一粒。

2 「仙杜康」用以調整腸胃，幫助消化。（一日量）每日食用六至九包的仙杜康，分三次於飯前直接服用。

消除便秘方

【功效】

可改善因【腸無力】所引起的便秘：

【內臟下垂】的人，因大腸受到壓迫；或腸內充滿脹氣的人因腸子無力將糞便完全排出，以至產生糞便【細軟】，且有【殘留感】的症狀，本食療法可有效的改善這種因【腸子無力】而造成的便秘。

【材料】【一日量】

1 白芝麻（未炒過）：體重一公斤須〇・五公克。
2 仙杜康：每日四至六包。
3 蜂蜜：體重一公斤須〇・五公克。
4 冷鮮奶：（約）一〇〇西西。

【食法】

1 將【白芝麻】以小火慢炒（可一次炒數日之用量），直到香味溢出，此時白芝麻呈赤紅色但卻【不焦黑】。待其自然冷卻後裝入可密封的容器內待用。

2 每日早晨【空腹】（早餐前）即先吃所須份量（體重一公斤〇・五公克）之【白芝麻】注意須以【正確咀嚼法】仔細將每一顆芝麻咬破後再吞下。

3 將【仙杜康】倒在碗裡，徐徐倒入【蜂蜜】（體重一公斤〇・五公克），邊倒邊攪拌，攪拌均勻後食用之。

4 將【冷鮮奶】（注意不可喝「溫」或「熱」的，須「微冰」或「冷」的才有效）倒入剛吃完盛有【仙杜康拌蜂蜜】的空碗裡，順便洗淨碗中殘留物並飲用之。

注意：

1. 本方須於每日【早餐前】連續食用，至少二週。
2. 【白芝麻】及【仙杜康】均須以【正確咀嚼法】仔細嚼食。
3. 服用此方請同時配和以【正確排便法】排便，順便調整如廁的時間。

腹內大掃除

莊博士提出的「腹內大掃除」，不僅可改善便祕、脹氣，還可以解決打嗝、放屁的毛病。腹內大掃除就是一種將胃、腸內所有的廢物一掃而光的方法。它的功用是可協助將體內的老廢物及老廢氣排出，以便能恢復正常體型，更可以改善便秘、脹氣、打嗝等症狀；但是使用此法不適用於內臟下垂者、孕婦、生理期婦女、打算在一個月內懷孕者、患有低血壓、貧血、十二指腸潰瘍者。

實行腹內大掃除的時間建議選用星期假日的時間，因為實行大掃除當天，會因為大腸的蠕動把腸內的老廢物排出，而造成屁聲很大或排便次數很多，所以選在星期假日實行比較不會尷尬不方便：

(1)將白蘿蔔連皮洗淨，以果菜機榨成白蘿蔔汁，每一公斤體重需要四十西西的量備用。

(2)將牛蒡仔細刷淨後切成薄片，每一公斤體重需要二十公克的量備用。

(3)將白蘿蔔汁、牛蒡薄片及鹽漬梅（每十公斤體重需要一個的量）放入深底鍋內，以大火煮沸後，改以小火烹煮兩小時，這時記得要加蓋。

(4)以過濾網將煮好的蘿蔔牛蒡汁及牛蒡渣分開。

(5)將過濾出來的蘿蔔牛蒡汁再以大火（不要加蓋）濃縮到一定體積（每一公斤體重一天的濃縮湯汁分量為十五至十八西西）後趁熱倒入熱水瓶中保溫。

(6)待牛蒡渣涼後，將之分成六等份，裝入塑膠袋裡，放入冰箱冷凍庫中保存待用。

(7)每實行一次腹內大掃除，需要連續食用七天，第一天只能喝濃縮湯

汁，下午三時後吃仙杜康（每日4—6包），不可再吃其他食物，實行的第一天必須斷食，上午起床空腹即開始喝前一天已煮好裝在保溫瓶中的濃縮湯汁，必須分幾次但每次份量可以不一樣，在當天下午三時以前喝完即可。等湯汁全部喝完後，開始吃用捲葉萵苣或新鮮A菜（每一公斤體重需用五公克的量）包著仙杜康。

（8）第二天以後，連續六天的早餐前要吃牛蒡渣和仙杜康（每日4—6包）。在服用牛蒡渣的前一個晚上取出一袋，放在冰箱冷藏庫解凍。在早餐前將之蒸約二十分鐘，於飯前以正確的咀嚼法慢慢吃完後，接著吃仙杜康，最後再吃早餐。亦可先吃一點飯菜再吃牛蒡、仙杜康較不會反胃。

坐月子的重要性

坐月子是女性健康的一個轉捩點，可以說，只要懂得把握坐月子改變體質的好機會，採用正確的坐月子方法，就有機會讓女人越生越健康，越生越美麗。相反的，如果不用正確的方法好好坐月子，就有可能生了一胎老了十歲，生了一胎就變成歐巴桑的體型、歐巴桑的體力、骨質疏鬆、鈣質流失，花容失色，甚至會提早更年期！

如何做好月子─做好月子的三大要領：

第一、坐月子的飲食方式要正確(60%)

特別提醒準媽媽，坐月子期間須嚴格遵守飲食第一大原則：即〃滴水不沾〃，所有料理的湯頭以及喝的水分均須以「米精露」或「廣和坐月子水」來烹調，而坐月子期間所有吃跟喝的食物內容與製作方法也跟一般期間的飲食完全不同，這個部分在『坐月子要項評分表』裡面，分數佔了60分，是坐月子的三大要領中，最重要的一項。換句話說，即使妳花了很多的錢請人幫妳帶孩子，甚至到專業的坐月子中心去坐月子，然而只要在飲食方面沒有好好遵守的話，坐月子的效果仍然會非常不理想，由此可知坐月子期間飲食的重要性！

第二、坐月子的生活方式要正確（20%）

坐月子期間需要遵守正確的生活守則，比如說：坐月子期間不能洗頭，就請一定遵守30天不洗頭，但要用正確的方法來清潔頭皮，否則容易堵塞頭皮毛細孔而產生不好的作用，又比如：坐月子期間的室溫須維持在25-28度之間，所以夏天坐月子，就必須要開空調，但卻要注意不可以吹到風！所以一定要想辦法將空調的風完全擋住，不可對著產婦吹，而且產婦須穿長褲、長袖、戴帽子、手套、圍巾，並且穿襪子來擋風！千萬不可道聽塗說，不去真正完全瞭解正確的坐月子生活守則，結果苦了自己，月子一樣做不好！

第三、產婦要有充分安靜的休養（20%）

產婦每天一定要安靜睡上8-10個小時，而一般會影響到產婦安靜休養的，就是剛出生的小貝比，所以要提醒準媽媽們，要在懷孕期間就先安排好產後坐月

坐月子要項評分表

坐月子期間飲食	60分
坐月子生活方式	20分
坐月子安靜休養	20分
合計	**100分**

子30-40天，全職照顧小貝比的人手。

以上三點如果都能做到的話，不論妳在哪裡坐月子，都一定能將月子做的很好，相反的，如果其中有一項或二項無法做到，就算花了再多的錢，比如說到月子中心，或者是請了再多的人手來幫忙坐月子，一樣無法將月子做好！

在家輕鬆把月子做好的方法

一、選擇在家坐月子

二、選擇「廣和」全套的專業坐月子系列：

方案一：只要先跟「廣和」購齊整套的坐月子系列產品，包含：「廣和坐月子水」五箱、「莊老師胡麻油」三瓶、「莊老師仙杜康」六盒、「莊老師婦寶」四盒及「莊老師養要康」一盒，坐月子的時候，只要請家人按照「如何養胎與坐月子」一書並使用「廣和坐月子水」及「莊老師胡麻油」製作餐點，產婦同時再配合服用「莊老師仙杜康」、「莊老師婦寶」及「莊老師養要康」，並全程綁「莊老師束腹帶」，就可讓坐月子飲食的60分輕鬆到手。

方案二：可以選擇源於台灣、享譽中、美，並且口碑廣佈的「廣和月子餐外送

服務」，坐月子的時候只要負責吃跟喝「廣和」送來的專業餐點，還要負責不偷吃、不偷喝其他任何東西，這樣更可以輕輕鬆鬆的拿到坐月子飲食的60分！

三、熟讀『如何養胎與坐月子』一書：

於懷孕期間就熟讀『如何養胎與坐月子』中的坐月子生活注意事項，有問題就打電話到廣和客服專線詢問（0800-666-620），坐月子期間產婦在家頭自行遵守坐月子生活守則，這樣又可以輕鬆將坐月子生活正確的20分拿到手！

四、安排坐月子期間專職褓母：

至少於產前二個月就先決定好坐月子期間到家中全職照顧小貝比的人手，而最佳的人選為媽媽、婆婆、姊妹、鄰居或專業褓母，如果實在找不到人的話，不妨跟準爸爸來協商，只要準爸爸事先學習如何幫小貝比洗澡（因為產婦是不能幫小貝比洗澡的），於坐月子期間，白天可以母嬰同室，產婦練習側躺著餵母奶及側身來換尿布，晚上則預先把母奶擠出，小貝比與新手爸爸跟產婦分開房間來睡，這樣才能讓產婦有8–10個小時充分安靜的睡眠，而晚上就由新手爸爸來餵奶及換尿布，如果母奶不夠的話可以再補充奶粉。

只要按照以上的方法來做的話，相信每個人都能夠輕輕鬆鬆在家　就把月子做的非常好！

廣和月子餐外送服務

『廣和月子餐外送服務』是將產婦一天所需要的飲食內容，包括主食、點心、蔬菜、水果、飲料、以及藥膳，全部按莊淑旂博士獨創、有效的坐月子理論，並以專業的方式，全程使用「廣和坐月子水」調理好餐點，每天由專人配送到產婦家中、醫院或坐月子中心，一天一次，全年無休，讓產婦輕輕鬆鬆就能正確的做好月子。

一、方法：

完全依照莊淑旂博士的理論調配專業套餐，一日五餐，不論您在醫院、坐月子中心或家中，每天配送一次，全年無休。

二、價格：

一日2200元（含運費、材料費及工本費，但不含仙杜康及婦寶），一次訂滿卅天（自然產者）優惠價56000元（省10000元！），一次訂滿四十天者（剖腹產及小產）優惠價73000元（省15000元！）。

廣和集團簡介

廣和集團源於享譽中、日的防癌之母莊淑旂博士。集團旗下包括：廣和國際有限公司、廣和坐月子生技股份有限公司、喜洋坐月子有限公司、廣和出版社、駿杰有限公司、廣和堂等企業，經營宗旨是增進全民健康。

莊博士推廣全民健康自我管理及防癌宇宙操四十多年，她的防癌宇宙操、養胎及坐月子的方法、醫食同源的飲食理論，一直被廣為流傳。

莊博士不僅自己全身心投入健康事業，莊博士的愛女莊壽美老師與外孫女章惠如老師，也都潛心在不同的健康事業領域中。

莊壽美老師是廣和國際有限公司及廣和出版社負責人。早年莊壽美老師就跟隨母親莊淑旂博士巡迴世界各地推廣防癌、防老及中國式自我健康管理法等觀念，並著有多本有關健康的書籍。

章惠如老師是莊壽美的長女，長期協助母親推廣全民健康自我保健的概念。並親身體驗了莊淑旂博士獨特有效的養胎與坐月子的方法，生下雙胞胎，得到了驚人的效果，同時也積累了寶貴的親身體會的經驗。由於章老師的體質得到了很大程度的改善，並告別了產後肥胖症，因此將整套完整的獨門料理，首創推出「廣和坐月子料理外送服務」，多年來得到了台灣各界人士的熱烈好評。

一九九六年起，廣和正式在台灣北區展開服務，到一九九九年時，已經在全台建立了服務網絡。二〇〇一年開始走向企業化、制度化的經營，在北、中、南的重要城市都設置了中央廚房。每個中央廚房皆有完善的設備及清潔舒適的環境，而每一位料理師傅都經過了總公司專業的訓練，全程皆以廣和獨創的「廣和坐月子水」來料理餐點，讓消費者吃得安心又健康。目前台灣各中央廚房皆擁有完整的專業料理師與送餐車隊，為所有產婦提供最專業快速的服務。

莊淑旂博士的坐月子飲食理論，已經被台灣各界知名人士所接受並採用。其中包括年代主播張雅琴、東森主播盧秀芳，三立主播敖國珠、中天主播吳中純等多位新聞主播、民意代表、知名主持人與藝人，在採用了廣和坐月子飲食及服務後，都能夠在產後順利恢復體質及體型。

二〇〇三年起，廣和集團開始進行全球網絡的建設，在上半年的時間裡，已成功地進入了北美洲市場，在美國洛杉磯順利完成了廣和健康管理機構的開設與推廣。在四月份，莊壽美老師與章惠如老師，親自赴美國洛杉磯舉辦多場大型媽媽教室講座，並接受了當地各種媒體的專訪，包括美國有線電視KSCI晚間新聞專題訪問《養胎及坐月子方法》。洛杉磯Channel 18《TEA TIME》節目專訪《婦女保健及坐月子方法》以及其他平面媒體，皆進行了深入的報導。

二〇〇三年下半年裡，廣和除了繼續推動北美洲市場的開拓外，更積極地拓展了中國大陸市場。廣和集團已於六月份授權上海廣禾堂生物科技有限公司，完成在大陸的人員訓練作業，準備全力拓展中國大陸坐月子市場。

展望未來，廣和集團將不斷地努力拓展全球各地市場，還將推出其他的養生餐點，繼續更好的服務予全球客戶。讓全世界的產婦都能運用莊淑旂博士的坐月子養生理論，在恢復身體體質的同時，也能恢復產前的體型。廣和的遠景目標是將廣和建設成為全球最專業的坐月子料理食品集團。讓所有的婦女都能生出健康、生出美麗。

廣和坐月子水

產婦只要喝下一滴水，就容易變成大肚子的女人！意思是說：水和其他飲料（尤其是冷飲），會對坐月子期間產婦的新陳代謝產生不良的作用，因為產後全身細胞呈現鬆弛狀態，此時若喝下過多的水分，質量重的水分子進入體內，水分子會擴散，便會破壞了產婦細胞收縮的本能而造成了「水桶肚」、「水桶腰」，並易造成「內臟下垂」的體型，所以坐月子期間所有的料理，包含飲料、蔬菜、藥膳，甚至薏仁飯，均應以「廣和坐月子水」做全程的料理。

「廣和坐月子水」是以台灣最優質的蓬萊米及九華山純淨泉水釀造，釀造過程中全程播放胎教音樂，釀成優質的米酒之後利用生物科技的高科技技術，將米酒濃縮萃取並提煉出米酒的精華露，再經過「陶瓷共振」原理將「米酒精華露」的大分子團分解成很細微的小分子，可幫助人體細胞吸收及代謝，不會破壞細胞收縮的本能，更不會對內臟造成負擔！其中更加入了廣和獨家天然的中藥成分，能促進新陳代謝及調整體質。

眾多名人的使用 廣大消費者的肯定

『廣和月子餐外送服務』自2000年起全面使用『廣和坐月子水』料理所有餐點，在台灣已榮獲數十萬產婦的使用與肯定，包括眾多知名主播、藝人及各界知名人士，例如：年代新聞主播張雅琴、廖筱君、TVBS主播蘇宗怡、王雅麗、張恆芝；TVBS新聞中心副主任包傑生的夫人陳春菊；東森主播盧秀芳；SETN周慧婷、李天怡、敖國珠；民視姚怡萱、鄒淑霞；中天吳中純；前民視主播羅貴玉；市議員何淑萍，知名藝人林葉亭、賈永婕、余皓然、金智娟、王彩樺、童愛玲；劉亮佐的夫人陳瑾、蘇炳憲的夫人趙世華、屈中恆的夫人童秀娟；商業週刊發行人金惟純的夫人高小晴、成豐婦產科院長林永豐的夫人連鳳

珠以及眾多金融界、教育界、律師、醫師⋯等使用「廣和坐月子水」來坐月子，都已獲得相當驚人的印證。『廣和』以不惜成本的時間和金錢來製作『廣和坐月子水』，始終以『服務心、關懷心』為宗旨，我們的用心，絕對讓您放心。

生理期聖品—莊老師仕女寶

「莊老師仕女寶」是專為生理期的婦女設計雙效合一的天然養生保健食品，內含婦寶十五包及養要康十五包，為生理期五日量，為了方便上班族的女性使用，特別將內包裝設計為長條狀以方便攜帶及服用，可以調節生理機能及養顏美容，是生理期女性必備的天然養生食品。

A【莊老師婦寶】：以特殊栽培、細心管理的薏苡種實為主要原料，配合高品質的珍珠粉、米胚芽萃取物（谷維素：r-Oryzanol）、大豆萃取物（大豆異黃酮：Isoflavone）、小麥胚芽粉末（維生素E）以及蛋殼萃取物、特級山楂、精選山藥、薑……等精心製造的天然食品，並特別添加琉璃苣油粉末（Borage），一般人適用，尤其推薦有生理痛、生理不順的婦女，於生理期間服用。

B【莊老師養要康】：以杜仲為主要原料，配合高品質的白鶴靈芝、天然甲殼素、鯊魚軟骨粉末⋯等精心製造的天然食品，一般人適用，尤其推薦生理期的婦女與常感腰酸者使用。

孕婦養胎聖品——莊老師喜寶

『莊老師喜寶』是廣和集團經過多年潛心研製，並得到眾多消費者認可的孕婦理想保胎食品。內含冬蟲夏草、珍珠粉、果寡糖、孢子型乳酸菌等天然成分；無論是懷孕或是產後，這段期間的婦女除了需要充分的休息來補充精神，更需要考慮胎（嬰）兒來自母親的養分所須。『莊老師喜寶』的天然成分含有豐富的鈣質及蛋白質，特別適合孕婦以及胎兒對鈣質的吸收，對於更年期的婦女朋友，『莊老師喜寶』也能提供所須的營養補給。

附註：

1 『莊老師喜寶』於婦女懷孕期間每日三粒，飯前各服一粒。產婦及更年期婦女每日早晚各服兩粒。

2 『莊老師喜寶』採膠囊包裝，為純天然的食品，每盒九十粒，對膠囊不適者

嬰幼兒聖品──莊老師幼ㄦ寶

「莊老師幼ㄦ寶」是專為嬰、幼兒設計的天然養生保健食品，內含珍貴的冬蟲夏草、珍珠粉並輔之以乳鐵蛋白、孢子型乳酸菌、牛奶鈣、綜合酵素及果寡糖等多種營養成分，經過科學配製，精心製造而成的天然食品。能幫助幼童促進新陳代謝、維持消化道機能，使養分充分吸收，並能補充天然鈣質，幫助牙齒及骨骼正常發育，是嬰、幼兒必備的天然養生食品。

附註：

適用對象：四個月以上的嬰兒及一般幼童。

食用方法：一歲以下的嬰兒，每日一包；滿週歲以上的幼童，每日二包，於早、晚飯前服用。

產品規格：每盒六十包、每包五公克，粉末狀，添加天然的草莓口味，為純天然的食品。

產品價格：每盒2,500元。

阡阡的話

我是大章老師章惠如的寶貝女兒『阡阡』，民國八十六年出生的時候，體重3850公克，是個健康寶寶，後來爸B、媽咪把時間都放在照顧坐月子的阿姨身上，於是我開始變的不喜歡吃東西，而且抵抗力變的好差，只要天氣一變化，就會感冒，讓爸B跟媽咪又擔心、又心疼。

還好，我最親愛的爸爸、媽媽特地為我調製了『莊老師幼儿寶』，是我最喜歡的草莓口味，我超愛吃的！每天早、晚吃飯前都會先吃一包；現在，我已經恢復了『健康寶寶』的模樣，而且有好多、好多的叔叔跟阿姨都誇讚我臉色變的好紅潤、皮膚也變的好漂亮！

更讓爸B跟媽咪高興的是：我不會感冒了！健保卡不再蓋的密密麻麻，自從換了IC健保卡後，我也從來沒有使用過呦！我想，我一定要把這個好消息趕快告訴我的同學跟好朋友，我希望每個小朋友都能跟我一樣健康、快樂！

坐月子聖品——莊老師仙杜康

『莊老師仙杜康』是以新鮮糙薏仁為主要原料，配合珍貴的冬蟲夏草、孢子型乳酸菌、蔬果纖維和甘草、山楂等多種營養成分，經過科學配製，精心製造的天然食品。能促進新陳代謝、減輕疲勞和養顏美容，一般人適用，尤其推薦產後婦女坐月子食用。婦女產後內臟鬆垮且往下墜，坐月子期間內臟有回復原位的本能，服用『莊老師仙杜康』來幫助維持消化道機能，使排便順暢，並且以正確的坐月子方法調養，讓您對回復產前身材更有信心！

附註：

1 『莊老師仙杜康』是產婦專用的養生食品，男女老幼也適用，但孕婦及準備在一個月內懷孕的婦女禁用。

2 『莊老師仙杜康』每盒二十八包，自然生產三十天須服用六盒，剖腹生產及小產四十天須服用八盒。

坐月子聖品——莊老師婦寶

『莊老師婦寶』是以特殊栽培、細心管理的薏苡種實為主要原料，配合以高品質的珍珠粉、特級山楂、乾薑以及精選的山藥、米胚芽萃取物（谷維素）、大豆萃取物（大豆異黃酮）、小麥胚芽粉末（維生素E）和蛋殼萃取物等精心製造的天然食品。產婦在坐月子期間，因賀爾蒙失調，容易造成形神憔悴、皮膚粗造、皺紋、黑斑等症狀；『莊老師婦寶』的天然成分中含有豐富的鈣、鐵質，是女性生理期、坐月子、流產、更年期以及閉經後用以增強體力、滋補強身的營養補充好選擇。

附註：

1『莊老師婦寶』具有破血性，孕婦、胃出血、十二指腸出血、重感冒、發高燒時請勿服用。

2 『莊老師婦寶』每盒二十一包（七日份），自然生產三十天須服用四盒，剖腹生產及小產四十天須服用六盒。

坐月子聖品莊老師——養要康

『莊老師養要康』為高科技濃縮錠，系由杜仲濃縮萃取再加上白鶴靈芝、天然甲殼素、鯊魚軟骨萃取粉末等天然材料所製成，不但適合坐月子及生理期使用，亦可用於平日之身體保健之用。

附註：

1 『莊老師養要康』坐月子、生理期及常感腰酸者均適用。

2 『莊老師養要康』每盒四罐，每罐四十二錠，坐月子、生理期或一般保養者，每日六錠，於三餐飯後各服二錠，連續服用一——三盒。

廣和仕女餐外送服務—生理期專業套餐

◎服務方法與價格

一、方法：

完全依照廣和莊老師的方式並按前述之「生理期小月子食譜」內容料理，於生理期間每天配送一次，連續五日，早上九點前送達，全年無休。

二、價格：

原價8,000元（餐費1,200元/日；莊老師仕女寶2,000元/盒），仕女五日餐優惠價6,600元（含運費、材料費、工本費及莊老師仕女寶一盒），一次訂購六期（30天）特惠價36,000元（再省3,600元！），本訂價全省統一不二價。

◎料理方式

1 全程使用『廣和小月子水』料理。
2 麻油使用慢火烘焙的「莊老師胡麻油」。
3 一律使用老薑爆透（爆至兩面均皺，但不可爆焦）料理。

◎廣和仕女餐食譜 ＊（）內為素食食譜

第一～二天：排除體內的廢血、廢水、廢氣及老廢物

1 生化湯：一碗
2 麻油炒豬肝（素豆包）：二碗
3 油飯（素油飯）：二碗
4 紅豆湯：一碗
5 魚湯（素燉品）：一碗

6 莊老師仕女寶-婦 寶（生理期專用）：每餐飯後食用一包，一日三包

7 莊老師仕女寶-養要康（生理期專用）：每餐飯後食用一包，一日三包

第三-四天：收縮子宮、骨盆腔

1 麻油炒豬腰（素腰花）：二碗

2 甜糯米粥：一碗

3 油飯（素油飯）：一碗

4 魚湯（素燉品）：一碗

5 藥膳（湯）：一碗

6 莊老師仕女寶-婦 寶（生理期專用）：每餐飯後食用一包，一日三包

7 莊老師仕女寶-養要康（生理期專用）：每餐飯後食用一包，一日三包

第五天：補充營養、恢復體力

1 麻油雞（素烏骨雞）：二碗

2 甜糯米粥：一碗
3 油飯（素油飯）：一碗
4 魚湯（素燉品）：一碗
5 藥膳（湯）：一碗
6 莊老師仕女寶-婦　寶（生理期專用）：每餐飯後食用一包，一日三包
7 莊老師仕女寶-養要康（生理期專用）：每餐飯後食用一包，一日三包

全民健康自我診斷問卷表（表一）

親愛的朋友：
您好，這是一份有關於"全民健康"的自我診斷問卷表，問卷中的所有問題都將作爲防範癌症及其病因探索的研究，請您仔細作答，以便於協助防癌工作的有效推展，謝謝您的合作。

發起人中華民國家族防癌協會董事長莊淑旂敬上

姓名：＿＿＿＿＿＿ 電話：(O)＿＿＿＿＿＿ (H)＿＿＿＿＿＿ 傳眞：＿＿＿＿＿＿
住址：＿＿＿＿＿＿＿＿＿＿＿＿＿＿＿＿

問卷內容：○過去病歷：＿＿＿＿＿＿＿＿＿＿＿＿＿＿＿＿
○主要症狀：＿＿＿＿＿＿＿＿＿＿＿＿＿＿＿＿

一、個人基本資料

若須服務者請塡妥後附上前後左右相片四張連圖表二、三、寄至本服務處（請附回郵信封）

■性別：男＿＿女＿＿血型＿＿　■學歷：＿＿＿＿＿＿＿＿
■年齡：＿＿歲＿＿年＿＿月＿＿日生　■體重：＿＿＿＿＿＿＿＿
■身高：＿＿藉貫＿＿＿＿　■職業：＿＿＿＿＿＿＿＿
■婚姻狀況：(1)已婚＿＿＿(2)未婚＿＿＿(3)離婚＿＿＿
■壓診：(1)有異狀＿＿＿(2)無異狀＿＿＿（壓診、打診請參考書中解說）
■體型：(1)正常型＿＿＿(2)駝背型＿＿＿(3)上腹突出型＿＿＿(4)下腹突出型＿＿＿
（參考下圖）

二、您是否具有下列症狀，請勾選（可複選）

A.男女共同症狀

是　否
□　□ (1)嘴巴歪扭或左右臉頰無法協調
□　□ (2)兩眉間有皺紋
□　□ (3)有老人斑或黑痣增加現象
□　□ (4)皮膚鬆弛或光澤消失（眼睛、臉頰、下巴、乳房、腹部、臀部等肌肉）
□　□ (5)曾罹患良性腫瘤
□　□ (6)易長雞眼
□　□ (7)常連續打噴嚏
□　□ (8)易流鼻水或鼻血
□　□ (9)經常喉嚨疼痛或聲音沙啞，久久不癒
□　□(10)背部時感痠痛僵硬
□　□(11)腰部常有沉重感
□　□(12)腰部容易閃扭受傷
□　□(13)容易感到發冷（如四肢、膝蓋、腳踝、背部、腰部及下腹部等）
□　□(14)常有四肢或下肢冰冷的感覺
□　□(15)眼睛容易疲勞痠痛
□　□(16)看東西常感模糊或視野狹窄

□ □(17)黃昏之後常有腳重、無力感或小腿浮腫
□ □(18)常感睡眠不足
□ □(19)早晨起不來
□ □(20)醒後、頭腦仍感不清楚
□ □(21)常感壓力，透不過氣
□ □(22)經常感到情緒不穩或坐立不安
□ □(23)口腔成口黏膜有發炎、糜爛、潰瘍
□ □(24)高音性耳鳴、頭暈
□ □(25)聽力急速減弱
□ □(26)皮膚常感搔癢或有慢性皮膚炎
□ □(27)大小便形狀、顏色及習慣的改變
□ □(28)胃部脹氣及疼痛、嘔氣
□ □(29)禿頭或容易掉頭髮
□ □(30)常衣衫不整或不修邊幅
□ □(31)體重急速變化（增加或下降）
□ □(32)無特殊胸部疾病但長期咳嗽，不易治癒

B.男性作答部份（以下爲男性具有的症狀）
□ □ (1)人際關係處理不善
□ □ (2)忽然變得善忘、嘮叨或沉默寡言
□ □ (3)工作慾望減退
□ □ (4)性機能衰退
□ □ (5)情緒失調，不能控制
□ □ (6)無症候性血尿
□ □ (7)常想上廁所卻不易排尿或如廁後仍有殘尿感

C.女性作答部份（以下爲女性具有的症狀）
□ □ (1)生理期前常感情緒不穩定
□ □ (2)生理期前常感乳脹
□ □ (3)生理期來臨前易長青春痘、雀斑
□ □ (4)經常發生生理痛
□ □ (5)生理期間容易患感冒
□ □ (6)生產後（自然流產、人工流產亦包含）曾罹患感冒
□ □ (7)性冷感
□ □ (8)子宮腫瘤或已切除（包括葡萄胎或子宮肌腫）
□ □ (9)不正常出血
□ □(10)曾罹患子宮內膜炎或子宮內膜異位症

體型自我診斷

下腹突出型

上腹突出型

駝背型

一、正常體型

正常體型是指體內不滯留氣的健康體型，也就是身體極爲健康人；莊博士的健康管理法所追求的體型，就是正常體型。這類型的人必然生活正常、不會偏食，而這也正是其他體型的人所必須實踐的。

二、駝背型

駝背型是指胃腸均易滯留氣的體型；將身體依附牆壁，腳跟和背部緊靠牆壁，這個時候如果肩膀不能靠到牆，就是駝背型。這一類型的人，肩胛骨較易長肉，而胸部的肌肉很單薄；肩和背很容易有凝重的感覺，常有睡眠不足的現象。

三、上腹部突出型

上腹部突出型是指氣滯留在胃部、常常打呃的體型；肌肉厚，胸到胃部突出，這類體型的人常常覺得自己體型很雄壯。由於胃部易留氣體，常常打呃，晚上睡前有不吃東西就睡不著的習慣，因而造成胃擴張。

四、下腹部突出型

下腹部突出型是指氣滯留在下腹部的體型；這類型的人肌肉薄，肚臍以下的下腹突出，整個內臟下垂，肚腹肌肉沒有彈性。由於平常水分攝取過量，加上下腹充滿氣，影響小腸運作，無法好好吸收養分而造成這類體型。

此外，有的人就是肚子大，而分不清楚到底是上腹還是下腹突出。這種情形可以用肚臍以上較突出的，就是上腹部突出型；肚臍以下較突出，就是下腹部突出型。

廣和國際有限公司

地址：台北市天母西路 3 號 8 樓之 7
電話：(02)2875-2108
傳眞：(02)2874-0593

（本表僅供參考但若有需要服務者，請將本表塡妥後附上「一週遇飲食記錄表」及「健康諮詢表」、「女性掌握身心健康記錄表」）。

附上回郵信封寄至服務處：
廣和出版社：台北市天母西路 3 號 8 樓之 7

健 康 諮 詢 表（表二）

編號

填表日：　　年　　月　　日

姓　名		性　名	□男	生　日	年　　月　　日
			□女	年　齡	歲
地　址				電　話	(H) (O)

學　歷		職　業		身　高	CM	體　重	KG

諮詢問題	過去病歷史：
	捬
	揸
	揑
	您現在最擔心的症狀：
	捬
	揸
	揑
	備註：

健康諮詢中心：台北市天母西路 3 號 8 樓之 7
TEL：(02)2875-2108　　FAX：(02)2874-0593

每週進餐飲食記錄表

請您詳細填寫進餐內容，譬如何時用餐，用什麼油，吃幾碗飯，吃什麼菜，喝什麼飲料……等。

餐別／星期	早　餐	午　餐	晚　餐	宵　夜
一	用餐時間： 食物內容：	用餐時間： 食物內容：	用餐時間： 食物內容：	用餐時間： 食物內容：
二	用餐時間： 食物內容：	用餐時間： 食物內容：	用餐時間： 食物內容：	用餐時間： 食物內容：
三	用餐時間： 食物內容：	用餐時間： 食物內容：	用餐時間： 食物內容：	用餐時間： 食物內容：
四	用餐時間： 食物內容：	用餐時間： 食物內容：	用餐時間： 食物內容：	用餐時間： 食物內容：
五	用餐時間： 食物內容：	用餐時間： 食物內容：	用餐時間： 食物內容：	用餐時間： 食物內容：
六	用餐時間： 食物內容：	用餐時間： 食物內容：	用餐時間： 食物內容：	用餐時間： 食物內容：
日	用餐時間： 食物內容：	用餐時間： 食物內容：	用餐時間： 食物內容：	用餐時間： 食物內容：

請您一併回答下列問題

(1)請問您喜食＿＿＿＿＿＿＿＿＿＿ □冷食 □熱食

(2)請問您喜歡的烹調方式（可複選）＿＿＿＿＿＿＿＿＿＿ □煎 □煮 □炒 □炸 □蒸 □其他（請列舉）＿＿＿＿＿＿＿＿

(3)請問您較喜歡的飲料（可複選）＿＿＿＿＿＿＿＿＿＿ □開水 □果汁 □茶 □酒 □咖啡 □礦泉水 □蒸餾水 □汽水 □可樂 □其他（請列舉）＿＿＿＿＿＿＿＿

女性掌握身心健康記錄表（表三）

說明：

1. 請由月經第一天開始記錄，該日即為周期之第一天。月經期請以「×」號記下。每日溫度連接起來，即成可判斷健康之曲線。
2. 睡前請先準備好鬧鐘、溫度計、記錄表、筆，並撥好明日睡醒量體溫的時間。
3. 測量時間，能固定最好，早上一聽到鬧鐘聲響，伸手拿溫度計放入舌下，並拿起鬧鐘撥好離當時約 5 分鐘的時間，再次聽到鬧鐘響時，取下溫度計，順手記錄。如《上表》。
4. 晚上入浴後，疲勞消除時，請回想當天自己的身心狀況，記錄如《下表》。

範例：《上表》

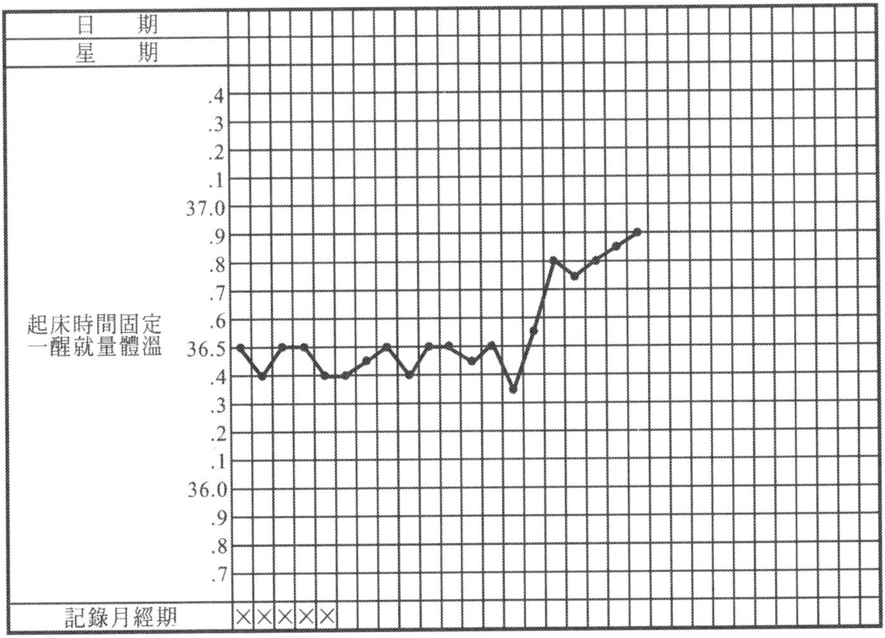

《下表》

月經期	隨時想睡覺				v																											
	沒胃口																															
	全身疲勞	v																														
	習慣性感冒																															
	生理痛		v	v																												
	下腹脹																															
	腰痠																															

請影印 12 份以上，以供一年之用

1.姓名：________________

2.性別：______

3.住址：郵區號____

4.電話：(O)　　　　　　　　　　　行動：
　　　：(H)______________________傳眞：__________________

5.職業：_________________

6.服務單位：____

7.生日：____年____月____日____歲

8.婚姻情形：□已婚 □未婚 □離婚 □鰥寡

9.學歷：____________________________

10.身分證字號：_______________

11.身高：__________

12.血型：______

13.體重：__________

14.體型：□駝背型 □上腹突出型 □下腹突出型 □正常體型

15.過去主要症狀____

16.現在主要症狀____

17.開始塡表日期________________

掌握女性狀況的基礎體溫表

年　　月份

日期																																	
星期																																	
	.4																																
	.3																																
	.2																																
	.1																																
	37.0																																
	.9																																
	.8																																
	.7																																
	.6																																
	36.5																																
	.4																																
	.3																																
	.2																																
	.1																																
	36.0																																
	.9																																
	.8																																
	.7																																
	.6																																
	35.5																																
記錄月經期																																	
月經期	隨時想睡覺																																
	沒胃口																																
	全身疲勞																																
	習慣性感冒																																
	生理痛																																
	下腹脹																																
	腰酸																																
	便秘																																
	拉肚子																																
	洗頭髮																																
	頭重																																
月經後	頭昏																																
	早上起不來																																
	疲勞不易恢復																																
月經前	乳脹																																
	胃脹																																
	頭痛																																
	青春痘																																
	情緒不穩																																
其他	不正常出血																																
	排便																																
	豐盛的早餐																																
	仕女寶																																

1.由月經第一天開始記錄.該日即為周期之第一天.月經期以x號記下

2.測量時間需每日固定.溫度計於前日晚間先放於枕邊.早晨醒來不可移動.直接測量後才起床

3.將體溫記錄於上表.每日溫度連接起來.即成可判斷健康之曲線

4.每晚入浴後.疲勞消除時.請回想當天自己的身心狀況.記錄於上表(打v)

您知道該喝哪種水嗎？

水構成了健康人體重的百分之六十，它直接參與體內消化、氧氣養分的輸送、以及體溫控制等的運作，是生命活動不可或缺的介質。人可以幾星期不吃東西，如果不喝水，卻支撐不了幾天。

許多疾病，包括疲勞及癌症等，都是來自環境中的毒素經年積聚於體內的結果，而改變飲食習慣和生活方式，例如選擇更好的飲用水，就可以幫助清除體內的毒素。

有許多人表示他們喝了許多水，卻仍然感到口渴，這是因為我們喝的水是低效能的，無法有效地將體內毒素清除出去，結果都堆積在脂肪層裡。那些經過特殊加工，並且添加了礦物質和化學物質的水，無法通過人體細胞，沖掉細胞內的微小毒素，自然事倍功半。

◆媽媽健康胎兒壯

我們常用『一人吃，兩人補』，來強調孕婦攝取營養的重要性。同樣的道理，也可以運用在水的攝取上。攝取充足的好水，不但可以讓媽媽的懷孕過程比較順利，也可以提供寶寶良好的成長養分，所以準媽媽千萬不能輕忽喝水這門的學問哦！

◎喝水可減少懷孕過程的不適

女性在懷孕初期時，相當容易害喜，也經常沒有食慾，結果惡性循環，空胃使害喜狀況更嚴重，另人更加難受。倘若懷孕實在吃不下東西，不妨多喝點白開水來填胃。如果慘到連「聞白開水都會吐」，可在水中加點檸檬汁或酸梅汁調味；要不然，喝點舒緩情緒的果汁或牛奶等流質食品也行。此外，很多懷孕婦女赫然發現，原本沒有便秘的自己竟然開始便秘了！事實上，在妊娠期間確實容易便秘，如果平常就是兩、三天才排一次便的人，便秘現象會更嚴重。這時，孕婦除了要多吃富含纖維素的蔬果，更因該多喝水。

◎胎兒也很需要水分

生命的誕生是很不可思議的，從一個直徑只有0.025毫米的受精卵，到成為體重平均約三千克的新生兒，寶寶在母親體內約成長兩千倍。由此看來，孕婦所攝取的飲食內容，當然會大大影響胎兒的成長與健康狀況。在**受精卵中，約有百分之九十是水**，比例遠超過成年人，因此胎兒對水的需求量特別高。如果母親不能攝取足夠自己和寶寶所需的水分，透過臍帶輸送給胎兒的話，胎兒的發育就會產生問題。

◆您喝的水乾淨嗎？

廣和健康書六

好朋友與妳

— 每個月一次的生理期 就是妳長相廝守的好朋友

Your Friend Every Month

著作指導：莊淑旂
著作人：莊壽美、章惠如
發行人：莊壽美
編輯部：章惠如
業務部：賴駿杰、章秉凱
出版：廣和出版社
郵政劃撥：14707515號 戶名：廣和出版社
登記證：新聞局臺業字第四八七二號
地址：台北市士林區天母西路3號8樓之7
電話：0800-666-620
傳眞：(02)2874-0593
印刷：達英印刷事業有限公司
總經銷：紅螞蟻圖書有限公司
地址：台北市內湖區舊宗路2段121巷28之32號4樓
電話：(02)2795-3656
傳眞：(02)2795-4100
出版日期：2004年7月第一刷
ISBN：957-8807-26-0
定價：新台幣260元

國家圖書館出版品預行編目資料

好朋友與妳 / 莊壽美，章惠如 著 .--臺北市：
廣和, 2004【民93】
面；　公分 . -- (健康系列：6)
ISBN 957-8807-26-0 (平裝)
1. 月經　2. 婦女 — 醫療、衛生方面
429.12　　93011408